Ledi Moreira

SEJA UM MESTRE EM VENDAS

2015

EDITORES
Gustavo Abreu e Cláudio V. C. Macedo

FICHA TÉCNICA
Produção Editorial
Editora Letramento
Projeto gráfico e diagramação
Marden Ribeiro
Capa
Marden Ribeiro
Revisão
Gabriel Ornelas

Este livro foi editado respeitando as novas regras ortográficas.

M838s Moreira, Ledi
Seja um mestre em vendas / Ledi Moreira. – Belo Horizonte, MG : Letramento, 2015.

184 p. ; 11x18 cm.

ISBN: 978-85-68275-21-4

1.Vendas.2.Vendedores .3.Vendas - Administração.I. Título.

CDD 658.85

Dados Internacionais de Catalogação na Publicação (CIP)
Bibliotecária Juliana Farias Motta CRB7- 5880

Editora
LETRAMENTO
www.letramento.com.br

Impresso no Brasil
Printed in Brazil

Sobre o Autor

O mais importante não é quem eu sou ou o porquê deste livro. O que realmente faz a diferença são as "coisas" que serão encontradas e compartilhadas. Independente da época em que se vive, é importante estar atento às transformações da vida e do mundo. Elas acontecem a todo o tempo e discuti-las é uma forma de entender, processar e filtrar as inúmeras informações que chegam de toda a parte.

Um dos meus professores me ensinou que existem mudanças acontecendo a todo momento em nossas vidas, e sem dúvida, são constantes e muitas vezes não podemos alterá-las. Por isso, o recado é simples: Esteja preparado! Porque mudar nem sempre é fácil, mas é necessário. Então, prepare-se para mudar, mudar, mudar e mudar de novo.

Uma breve passagem pelo Mestrado em Telecomunicações no INATEL em Santa Rita do Sapucaí (MG),

MBA em Gestão Estratégica de Negócios pela UNA-BH e Bacharel em Computação na área de Sistemas de Informação, experiência Internacional em Toronto no Canadá pela PLI School e autor de romances: a trilogia *Portais*, *Recomeço* e *Para Sempre*.

Para falar comigo? Mande um e-mail: ledi@ledi.com.br

Agradecimentos

Agradeço a Deus por sempre me dar condições de recorrer a Ele sempre que necessito, agradeço a minha esposa Paula, pela dedicação e apoio incondicional, aos meus pais que sempre estão do meu lado e a meus irmãos, os verdadeiros críticos das minhas obras.

Em especial, agradeço a todos os vendedores que compartilham comigo o dia a dia de trabalho, no qual aprendo bastante a cada hora.

Sumário

Prefácio

O universo dos negócios é inquestionavelmente: dinâmico e mutável. O rápido crescimento da tecnologia, a globalização dos negócios e a crescente competição tornam as habilidades nas vendas e no relacionamento com as pessoas mais importantes do que nunca. Com este livro, meu objetivo é apresentar aos vendedores informações que os elevem a uma situação de verdadeiros mestres em vendas, mas o mais importante é: **como conquistar clientes para a vida inteira.**

Um vendedor iniciante ou experiente precisa conhecer e mentalizar os fundamentos e os aspectos básicos das vendas pessoais. No entanto, os vendedores precisam entender que não há um caminho definido ou específico para alcançar o sucesso em vendas! Não é uma receita de bolo. O que existem são diversos caminhos para alcançar os objetivos, e cada pessoa precisa se adaptar a sua realidade e alcançar suas metas, resumindo... ganhar dinheiro.

Acredito que um profissional de qualquer área precisa de um conjunto de aptidões para alcançar o sucesso. Em vendas não é diferente, por isso o primeiro passo para se tornar um vendedor de sucesso é ter: **conhecimento.**

E para ter conhecimento não basta apenas estudar, ler, fazer cursos ou realizar milhões de visitas aos clientes. O conhecimento vem com o conjunto destas premissas, não tem como obter conhecimento de forma isolada, é preciso juntar tudo isso e ir à luta. Desta forma você estará preparado para as mais diversas situações diante dos clientes.
E antes que me esqueça, nunca, mas nunca tenha vergonha de pedir ajuda e aprender cada vez mais.

Não há mais lugar no mercado para vendas erradas, para não dizer vendas enganadoras! O profissional de vendas atualmente se tornou um verdadeiro consultor de negócios, aquele que é capaz de solucionar os problemas dos clientes, a pessoa apta a auxiliar e facilitar a vida dos clientes. Se o cliente não tiver nenhuma necessidade, o profissional deve aceitar isso e procurar outra pessoa ou empresa. Se o cliente tiver uma necessidade, o vendedor pode e deve insistir na venda. Todos os vendedores de sucesso acreditam que os clientes sempre possuem necessidades de compra, pode ser de produtos ou serviços.

O que é fato e não pode ser negligenciado é que as empresas ou pessoas precisam comprar para se manterem no mercado ou no seu dia a dia, e é exatamente por esta necessidade real que os vendedores precisam estar aptos a usar sua energia, suas habilidades e seus conhecimentos para conseguir a venda. E tudo se resume a isso! Conquistar e atender muito bem ao cliente.

Espero que, depois que você tiver lido este livro, você diga: "Sei o caminho para ser um especialista em vendas". Acredito que este livro poderá ajudar qualquer pessoa a seguir uma carreira em vendas ou que queira se aprimorar ainda mais nesta profissão. Como já disse, não é um caminho fácil, mas é grandioso. Fiquem atentos a oportunidades e jamais tirem seus olhos dos clientes, estejam preparados para atendê-los a qualquer momento.

No final desta leitura, o principal objetivo é tornar os vendedores capazes de realizar visitas aos clientes com eficiência, passar uma mensagem consciente e serem capazes de concretizar a venda.

Por fim, desejo que cada vendedor perceba que a busca pelo conhecimento contínuo e a comunicação eficaz são habilidades que podem ser aplicadas a todos os aspectos da vida. Depois de aprendidas e internalizadas, as habilidades de vendas podem ajudar uma pessoa a se comunicar melhor em todos os contextos.

Lembrem-se:

A vida é um grande negócio, e negociar faz parte de cada minuto que respiramos.

Preparado? Vamos dar início no último dia de sua vida antiga, e no primeiro dia de um novo futuro de sucesso

Vamos juntos nesta aventura do conhecimento.

Boas Venda$!

Introdução

Para iniciar esta caminhada, gostaria de falar um pouco sobre as 10 leis do crescimento. Estas leis saíram de um pequeno livro chamado: *As leis do Crescimento por Toda a Vida (The Laws of Lifetime Growth)*, do autor Dan Sullivan, no Brasil você o encontrará com o titulo de: *As 10 Leis do Crescimento Pessoal*. Como conhecia o livro e sempre gostei, nada mais interessante do que compartilhar com vocês. Como sempre digo, reflita e execute!

1- Faça com que seu futuro seja sempre maior do que seu passado;

2- Faça com que seu aprendizado seja sempre maior do que sua experiência;

3- Faça com que sua contribuição seja sempre maior do que a recompensa;

4- Faça com que sua performance seja sempre maior do que os aplausos que recebe;

5- Faça com que sua gratidão seja sempre maior do que o seu sucesso;
6- Faça com que seu prazer seja sempre maior do que o esforço;
7- Faça com que a cooperação seja sempre maior do que seu status;
8- Faça com que sua confiança seja sempre maior do que seu conforto;
9- Faça com que seu propósito seja sempre maior do que o dinheiro;
10- Faça com que suas perguntas sejam sempre maiores do que suas respostas.

Pare para pensar nestas pequenas "leis" e as coloque em prática.

Boa leitura e sejam bem-vindos ao caminho do sucesso!

Um recado importante

Você realmente sabe vender? Com o comércio mundial unificado e SEMPRE mais competitivo, não existe mais exclusividade de produto ou serviço nem eternos clientes, os chamados de "freguês". Hoje os produtos ou serviços são muito semelhantes, sejam pela qualidade das matérias primas e acabamentos, sejam pelos preços. O que temos como diferencial? O VENDEDOR!

Muito mais que uma alternativa de trabalho ou uma simples profissão, o vendedor é a mola propulsora para o retorno financeiro de toda e qualquer empresa, seja ela de qualquer natureza, afinal, não existe empresa sem venda.

Sendo assim, as empresas estão à caça de vendedores diferenciados. Vendedores que saibam identificar a real necessidade do cliente e onde o seu produto ou serviço possa contribuir ou satisfazer esta necessidade. É a busca da solução para o cliente.

Se fosse até aí tudo bem, seria simples. No entanto, as empresas buscam também vendedores realmente profissionais, que dão importância a profundos conhecimentos sobre o produto ou serviço da empresa, aqueles que fazem a diferença no atendimento e têm ciência da importância em se reciclarem continuamente. Também buscam profissionais que compreendam o que o mercado procura para a solução dos seus problemas e que consigam explorar ao máximo este mercado consumidor, e eternamente concorrente.

E não é só isso. O vendedor também tem que se planejar e acompanhar seus resultados continuamente para que consiga chegar ao seu objetivo. E qual é este objetivo? Cumprir a meta estipulada pela empresa ou por si próprio, e assim desta forma... ganhar dinheiro! Mas, para isso é necessário planejar! Sim, planejar. Tudo na vida que desejamos ou sonhamos, para que não tenhamos surpresas desastrosas ou que transforme em utopia, temos que fazer um planejamento para a viabilidade deste desejo ou sonho, com princípio, meio e fim. E tudo começa com um bom planejamento.

Este livro traz excelentes dicas de como ser um vendedor profissional e principalmente como se tornar um vendedor diferenciado. Um vendedor profissional precisa traçar suas ideias e objetivos de forma simples e consciente, sempre voltados para o negocio. É fundamental acompanhar seus resultados parciais e quando necessário realizar ações de correção em tempo hábil para atingir o objetivo, que na maioria das vezes é a meta. E um vendedor diferenciado precisa conhecer o que sua empresa, o mercado e seus clientes desejam. Este vendedor, precisa fazer uma leitura antecipada dos pontos fortes e carentes da concorrência, e do que o mercado precisa. Isto proporcionará um relacionamento mais duradouro entre o cliente e o vendedor, além é claro de excepcionais ganhos.

Excelente leitura e aprendizado!!!!!!!!!

Hilton Gomes
Empresário e Gestor Comercial

Capítulo 1

Ser ou não ser um vendedor? Eis a questão!

Ser um vendedor é ir mais além, significa conseguir atingir resultados que ninguém mais consegue, pois o grande vendedor é capaz de criar habilidosamente com palavras o que os grandes artistas conseguem realizar em suas determinadas áreas, assim como o famoso pintor Rembrandt combinava cores sobre a tela, o vendedor cria com palavras e uma excelente apresentação os benefícios que o cliente procura em uma compra. E, nesta hora, a arte acontece!

Um profissional de vendas é um estrategista e no bom sentido um manipulador de mentes. Ele põe em ordem os pensamentos das pessoas com tamanha habilidade que podemos nos lembrar de grandes generais com suas tropas em uma guerra.

Um vendedor de verdade é um analista de caracteres. Ele conhece as pessoas tão bem como Einstein conhecia física. É capaz de ler mentes apenas observando as expressões, as palavras e até mesmo pelo silêncio, assim decifrando o que o cliente pode estar pensando.

Um grande vendedor consegue prever o futuro com base nas observações do passado. Enfim, um vendedor de sucesso é mestre dos outros, porque é **MESTRE DE SI MESMO.**

A vida consiste em uma série de experiências e circunstâncias que variam constantemente. Não existem duas experiências iguais, nem duas pessoas iguais. O panorama muda a cada dia e a toda hora. Por isso precisamos nos adaptar às pessoas que pensam e agem de maneiras diferentes das nossas. O sucesso depende, em grande parte, da qualidade das nossas negociações e principalmente no volume dos contatos que fazemos diariamente em busca das vendas. Sabe como isso se chama? A construção contínua do **funil de vendas**. Acredite fielmente em seu funil de vendas e terá sucesso. Mas cuidado! Lembre-se de que o funil precisa trazer resultados, um funil falso é o primeiro passo para o fracasso.

Construir um resultado em vendas exige que compreendamos a arte do convencimento, pois, afinal, todos nós, independente da área de atuação, somos vendedores, seja qual for a nossa vocação. Mas nem todos somos MESTRES.

Jean Beltrand oferece cinco definições para a palavra "vender", preste atenção e inclua as suas próprias definições, é um exercício interessante.

1- Vender é a capacidade de divulgar fé, bens materiais ou propostas, a ponto de despertar em outras pessoas o desejo de receber um serviço,

uma oportunidade, um bem ou lucro;
2- Vender é a capacidade que profissionais e homens públicos possuem de prestar serviço, assistência e cooperação, a ponto de despertar em outras pessoas o desejo de remunerá-lo, reconhecê-los e respeitá-los;
3- Vender é a capacidade de trabalhar, executar tarefas e prestar serviços como empregado, a ponto de despertar no empregador o desejo de remunerar, promover e elogiar;
4- Vender é a capacidade de agir com gentileza, generosidade, boa vontade e consideração, a ponto de despertar nas outras pessoas respeito, amor e admiração e
5- Vender é a capacidade de escrever, desenhar pintar, inventar, criar, compor ou realizar, a ponto de despertar nas outras pessoas a admiração dedicada a heróis, celebridades e pessoas extraordinárias.

Todo mundo vende!

Se pararmos para pensar, todo mundo vende, você acredita nisso? Eu acredito e vou provar. Desde a mais tenra idade, desenvolvemos técnicas de comunicação para tentar abrir o nosso caminho na vida. Para isso, vender se torna algo cotidiano e constante. Veja exemplos simples que já aconteceu com todo mundo que prova o quanto necessitamos de sermos vendedores. Você está vendendo quando: ainda criança chora pedindo comida; ou quando quer namorar alguém, afinal precisa mostrar suas qualidades ao pretendente, até mesmo quando vai pedir um aumento de salário; ou quando precisa convencer seu professor a aumentar sua nota; ou simplesmente ao se candidatar a uma vaga de emprego. Tudo isso faz de você um vendedor nato. A vida nos torna capazes de utilizar nossa capacidade de comunicação pessoal para persuadir alguém a agir. E não há nenhum mal nisso, muito pelo contrário, nossa capacidade de se comunicar de forma eficaz é uma das chaves do sucesso, portanto, todos nós somos capazes de nos desenvolver como verdadeiros mestres nas vendas.

É por isso que tantas pessoas fazem cursos na área de vendas e oratória. Elas querem melhorar sua capacidade de comunicação para ter sucesso na vida profissional e pessoal. As habilidades e o conhecimento obtidos num curso de vendas podem ser usados em qualquer campo de atuação, seja direito, jornalismo, carreira militar ou em seu próprio negócio.

Acreditem, vender não é apenas a necessidade básica dos vendedores; é uma necessidade de todas as pessoas, pois no ambiente competitivo que vivemos, no qual a capacidade de relacionamento é tão valorizada, a falta de habilidade para vender pode colocar qualquer pessoa em desvantagem.

Por que pagamos aos vendedores?

De maneira óbvia, os vendedores são pagos para vender. Este é o trabalho deles e ponto final. Em um ambiente de vendas, a cobrança é constante e às vezes radical. Para exemplificar, quando um gerente de vendas vê um de seus vendedores "passeando" pela empresa e não realizando vendas, as perguntas básicas são sempre as mesmas:

- "Quais foram suas vendas de hoje?"
- "Qual a sua previsão de vendas para hoje?"

- "Quantas visitas você fez ou vai fazer hoje?"

e uma pergunta fundamental

- "Como está seu funil de vendas?"

Responda de forma honesta e com confiança estas quatro perguntas e estará no caminho do sucesso.

Nós, vendedores, precisamos vender todos os dias, caso contrário tem alguma coisa errada e corremos o risco de sermos medianos, ou seja, não somos bons o bastante. Portando, estabeleça metas e as cumpra.

As metas existem para:

- Os próprios vendedores, a fim de ganhar dinheiro e manter seus empregos, porque com o resultado do seu trabalho é que trarão o lucro para as empresas;
- As empresas, porque sem a geração de receitas a companhia vai à falência;
- Seus clientes, porque seus produtos ou serviços ajudam os clientes a atenderem suas próprias necessidades e suas próprias metas.

Uma das definições antigas do processo de vendas, mas que a maioria dos vendedores parece simplesmente esquecê-la, é que todas as vendas, não importa se serão de curto, médio ou longo prazo, precisam ser cuidadas, planejadas e elaboradas. Somente construindo relações positivas com os clientes é que os vendedores terão sucesso. Você pode ler esta afirmação e pensar: *"O que é isso? Todo mundo sabe que precisa cuidar dos seus clientes!"*

Nesta hora eu faço uma simples pergunta: Então, por que seus clientes vão embora, ou param de comprar com você? E ainda completo: Ou pior, por que eles começam a comprar com os concorrentes? Já pensaram nisso? Mas é claro que todos os vendedores têm a resposta na ponta da língua para estas perguntas:

- "O preço do concorrente está melhor";
- "Não tenho tempo para atender todos os meus clientes";
- "Este cliente não comprava comigo a mais de um ano, agora que precisou do meu produto ou serviço, ele comprou com a concorrência porque tem um amigo que trabalha lá";
- "Estou tentando ligar para o cliente a mais de dois meses e não estou conseguindo";
- "Não sabia que o cliente estava precisando de alguma coisa".

E por aí vai uma sequencia de desculpas. Tenho certeza de que você já ouviu várias delas e também já utilizou algumas delas. Concorda? Os vendedores querem e precisam vender aos seus clientes hoje, amanhã e ainda mais depois de amanhã, é um processo contínuo. Imagine vender para algum cliente e desaparecer. Isso não gera valor e leva o vendedor ao descrédito, muito cuidado e atenção com seus clientes.

Volto a repetir, por mais óbvio que isso pareça, a maioria dos vendedores negligenciam seus clientes. Este livro vai ajudá-lo a enfrentar este desafio. Faça-o de referência, pois quando você vende algo para alguém, é fundamental fazer deste cliente um amigo de negócios.

Por que escolher a carreira de vendas?

Existem inúmeras razões para se escolher a carreira de vendas, mas separei cinco para demonstrar como um vendedor é importante para a economia mundial:

1- A grande variedade de empregos disponíveis nessa área;
2- A liberdade de trabalhar por conta própria;
3- O desafio de vender;
4- A oportunidade de progresso dentro da empresa;
5- A recompensa que apenas a carreira de vendas possibilita.

1 – A quantidade de empregos disponíveis na área de vendas

Em todas as empresas, a equipe de vendas é uma das principais engrenagens que levam ao sucesso e ajudam alcançar os valores financeiros necessários para que a empresa caminhe no seu dia a dia. O profissional de vendas é um elemento vital do esforço da companhia no sentido de comercializar bens e serviços de forma rentável. Há inúmeros investimentos pelas empresas em sua força de vendas, por isso o grande número de oportunidades.

O profissional de vendas precisa entender que, em algumas atuações negativas, isso não significa ser um mau vendedor, afinal, existem empresas nas quais o profissional de vendas não consegue se adaptar, ou vice-versa. Por isso, persistir é importante.

As empresas investem fortemente em seus profissionais de vendas, basta observarem a quantidade de campanhas de incentivo e prêmios que são pagos aos vendedores mensalmente.

O mundo precisa de vendedores, e sabem por quê? Simples, porque as pessoas precisam consumir dos produtos ou serviços ofertados no mercado. O número de pessoas empregadas na área de vendas pelo mundo é espantoso, e não é uma surpresa, apenas nos Estados Unidos, estima-se que há mais de 21 milhões de pessoas empregadas em cargos de vendas.

Para uma empresa sobreviver, precisa vender seus produtos ou serviços, correto? E o mais importante: para o futuro, a tendência deste número é aumentar. O mercado necessita e continuará a precisar de mais vendedores, mas atenção, o mercado absorverá vendedores profissionais e preparados.

2 – A liberdade de trabalhar por conta própria

Uma segunda razão por que as pessoas escolhem a carreira de vendas é a liberdade que ela oferece. O trabalho de vendas possivelmente oferece a maior liberdade relativa de todas as carreiras. Vendedores experientes trabalhando em vendas externas em geral recebem pouca supervisão direta e podem passar dias ou até semanas sem ver o chefe.

É claro que as funções do trabalho e as metas de vendas são explicadas pelo chefe. Espera-se dos profissionais de vendas que desempenhem suas funções e atinjam as metas com supervisão mínima. Geralmente os vendedores saem de casa para visitar clientes na próxima esquina ou ao redor do mundo.

Trabalhar com uma supervisão mínima requer inteligência, honestidade e profissionalismo, supervisão mínima não significa sem supervisão. Apenas vendedores experientes e inteligentes conseguem alcançar um status de bons profissionais, ficando praticamente o tempo todo fora da empresa. É muito importante ter na cabeça que trabalhar "sozinho" exige mais disciplina do que com horário fixo. Afinal, profissionais de vendas podem lidar com centenas de pessoas e empresas diferentes ao longo do tempo. Podemos comparar como se o vendedor dirigisse seu próprio negócio. Por isso... foco total e dinheiro no bolso.

Antes de passarmos ao próximo tópico, um ponto importante que não posso deixar de comentar: Devido a grande dificuldade de criar uma rotina consciente na cabeça dos vendedores, as empresas são obrigadas a desenvolver uma série de controles para auxiliar seus vendedores no dia a dia.

Um dos pontos que o empregador deve levar em consideração é a realização de reuniões matinais com sua equipe de vendas todos os dias. Você acha que é exagero? Acredite, não é. A simples presença do vendedor no primeiro horário de trabalho no escritório da empresa ajuda na responsabilidade e controle dos vendedores.

Muitos podem estar pensando "mas, e a tal liberdade?". A liberdade continua, pois como os vendedores sairão para realizar suas visitas externas, e muitas vezes eles mesmos fazem suas agendas, seus horários passam a ser feitos por cada um, criando assim grande liberdade. Por isso, atenção com que você faz com sua liberdade.

3 – O desafio de vender

As metas estabelecidas serão cumpridas apenas se o vendedor estiver preparado, por isso a cada dia as metas ficam desafiadoras, exigindo responsabilidade e trabalho duro. A melhor forma de ganhar mais dinheiro é trabalhando com remuneração variável, principalmente aquelas que não possuem um limitar, sendo assim, o desafio de vender cada vez mais faz com que os vendedores possam alcançar salários fabulosos, e para isso o vendedor depende apenas de si mesmo.

4 – A oportunidade de progresso dentro da empresa

Profissionais de vendas bem-sucedidos têm muitas oportunidades de serem promovidos a cargo de alta gerência. E às vezes estas promoções acontecem rapidamente. Isto ocorre porque os vendedores de sucesso são percebidos com facilidade. Mas não se iluda, você pode ser um astro em vendas, atingir com louvor todas as suas metas e mesmo assim não ser promovido, e sabe por que isso acontece? A resposta também simples: Vendedores despreparados.

Não basta apenas atingir as metas, é necessário ter cursado uma faculdade, aumentar seu nível de conhecimento fazendo uma especialização e saber falar outros idiomas. Achou tudo isso complicado? Infelizmente, para deslumbrar cargos de alta gerência, não basta apenas ser um excelente vendedor, é preciso ir além. É assim que o mercado absorve as pessoas de alto nível.

Caso você ainda não tenha estes diplomas e conhecimento em pelo menos uma língua estrangeira, não se preocupe, você não vai perder seu emprego como bom vendedor, mas não trilhará o caminho da presidência da sua empresa. Outra informação importante, se você não tem tudo isso, não se preocupe, nunca é tarde para começar, independente da idade, "antes tarde do que mais tarde". As empresas acreditam que um profissional de vendas experiente possui credibilidade, conhecimento e experiência para assumir altos cargos na companhia. Começar trabalhando como profissional de vendas possibilita a você:

- Conhecer as atitudes e atividades dos profissionais de vendas da empresa;
- Conhecer as atitudes dos clientes para com a empresa, seus produtos e seus profissionais de vendas;
- Adquirir prática no mundo dos negócios.

5 – *A recompensa que apenas a carreira de vendas possibilita*

Remuneração e recompensa: o céu é o limite. Na verdade a pergunta é: Quer ganhar quanto? Você, vendedor, precisa saber quanto quer ganhar e precisa aprender a conquistar estes valores, para isso, entenda perfeitamente como funciona a remuneração variável, acompanhe seus resultados diariamente e estabeleça uma meta para você mesmo. Somente desta forma chegará ao estrelato. Como profissional de vendas, você pode esperar dois tipos de recompensa, não financeira e financeira.

Recompensas não financeiras

Às vezes, chamadas de gratificação emocional ou intrínseca, as recompensas não financeiras são geradas pelo indivíduo, não oferecidas pela empresa. Você sabe que o trabalho foi bem-feito, por exemplo, quando conseguiu fazer uma competente apresentação de vendas, ou quando conquistou a atenção de clientes que não acreditavam em seus produtos ou serviços.

A bem sucedida superação dos desafios do trabalho reforça a autoestima; você percebe que seu trabalho é importante. Todo mundo gosta de se sentir bem com o próprio trabalho, e a carreira de vendas possibilita experimentar diariamente a gratificação emocional e essas boas sensações. Profissionais de vendas costumam relatar que as recompensas não financeiras trazidas por seu trabalho são tão importantes quanto as financeiras.

Após o treinamento dos produtos e serviços que serão comercializados, o profissional de vendas recebe a responsabilidade por um território de vendas, carteira de clientes ou a criação da sua rede de clientes. Essa pessoa passa, então, a ocupar uma posição de vendas. Ao lidar com os clientes maiores e mais importantes, em pouco tempo, o profissional de vendas pode adquirir o *status* e as recompensas financeiras de uma posição de vendas de nível sênior. Algumas empresas referem-se a essa função como posição de vendas de conta principal, que nada mais é do que adquirir a confiança dos clientes e da sua empresa.

Recompensas financeiras

Muitos vendedores são atraídos pela área de vendas por ser uma carreira em que as recompensas financeiras costumam se basear unicamente no desempenho. Sendo assim, os profissionais de vendas têm oportunidades de ganhar altos salários. Em média, seus salários são ainda mais altos do que os de outros profissionais de mesmo nível hierárquico da empresa. Um mestre em vendas domina completamente toda a cadeia de vendas, pois ele sabe o que precisa fazer para aumentar sua conta bancaria. Um profissional de vendas de alto nível sabe exatamente quanto pode e quer ganhar.

HÁ DUAS TRAJETÓRIAS DE CARREIRA PARA O PROFISSIONAL DE VENDAS

Por outro lado, os vendedores podem optar por dois caminhos na área de vendas: permanecer como vendedores ou serem promovidos a supervisores, coordenadores, gerentes ou diretores. Mas, não se deixe influenciar equivocadamente, pensando que todos os vendedores querem ser promovidos a cargos de chefia. Muitos profissionais de vendas preferem continuar vendendo em vez de gerenciar pessoas. Eles preferem cuidar de si mesmos a cuidar dos outros. Em algumas empresas, o profissional de vendas pode até ganhar mais que o gerente.

Muitas empresas têm reconhecido o valor de manter alguns profissionais de vendas trabalhando no campo durante toda a sua carreira. Eles realizam um bom trabalho, conhecem seus clientes e adoram o que fazem, então, para que promovê-los, se eles não querem galgar os outros cargos da empresa? Pode-se correr o risco de tirar um excelente vendedor do campo e conseguir um mau chefe. Contudo, há muitas outras pessoas que se empenham para subir e chegar à gerência. Se você é um profissional que deseja alcançar um cargo de gerente ou mais, deixe isso claro para as pessoas da sua empresa.

Tiradores de pedidos *versus* vendedores de pedidos

Alguns cargos de vendas requerem que o vendedor simplesmente anote os pedidos, os famosos tiradores de pedidos. Os tiradores de pedidos podem perguntar o que o cliente deseja ou, então, esperar que o cliente faça o pedido. Eles não têm estratégia de vendas nem usam apresentações de vendas. Este tipo de vendedor já foi útil no passado, mas no mercado atual não pode ser chamados de vendedores. Hoje, os clientes precisam de verdadeiros consultores de vendas, caso contrário, não vão comprar.

Este tipo de afirmação já é considerado por muitos como um clichê, mas mais uma vez acreditem, os tiradores de pedidos existem, e precisamos tomar cuidado para não nos tornarmos um deles. Portanto, mãos à obra e faça seu trabalho com qualidade, superação, inovação e eficiência.

Vendas é a carreira certa para você?

Se você realmente é um profissional de vendas, precisa ser honesto e realista, por isso, faça a si mesmo perguntas como a seguintes:

- O que realizei no passado em vendas?
- O que pretendo realizar no futuro?
- Quero ter a responsabilidade de um trabalho de vendas?
- Gosto de viajar? Que frequência de viagens é aceitável para mim?
- Que grau de liberdade quero ter no trabalho?
- Tenho as características de personalidade apropriadas para o trabalho?
- Estou disposto a me mudar para outra cidade? Para outro estado?
- Sou capaz de conhecer os produtos ou serviços que vendo?
- Sou capaz de atingir as metas impostas pela empresa?
- Sou capaz de atingir as metas impostas por mim mesmo?

Suas respostas a essas perguntas podem ajudá-lo a analisar os vários tipos de trabalho de vendas que você deseja realizar e posteriormente estabelecer critérios para avaliar as vagas disponíveis no mercado. Defina os setores empresariais, os tipos de produtos ou serviços e as empresas específicas pelos quais teria interesse. Porque somente assim você será capaz de ter certeza se é um profissional de vendas. E quando ouvir esta pergunta novamente: Ser ou não ser um vendedor? Eis a questão! não hesitará em respondê-la com um sonoro: sim, eu sou um vendedor.

Capítulo 2

Qual é o segredo do sucesso em vendas? Você sabe o que é necessário para alcançar o tão sonhado sucesso?

Todos sonham em ter sucesso na vida, não importa o que façam. Até mesmo os que não querem fazer nada gostariam de ter sucesso. Há um tempo eu pensava que um dos problemas que mais atrapalhavam as pessoas era a timidez, mas eu estava enganado, e hoje posso afirmar categoricamente que o que mais atrapalha as pessoas é a preguiça. Podem acreditar, pois é mais fácil ficar em casa sem fazer nada e reclamando da vida do que correr atrás dos sonhos. Em vendas, ou em qualquer outro trabalho, a realidade não é diferente, e por isso faço uma pergunta: Você está preparado para o sucesso? Mas, não vale a resposta da boca para fora, vale uma resposta verdadeira, sincera, afinal "mentir para si mesmo sempre é a pior mentira", portanto, se sua resposta for sim, responda com convicção e vá à luta, e não se iluda: para alcançar o sucesso, você trilhará um caminho de muito trabalho, sacrifícios e riscos.

No intuito de ajudá-lo, vamos a algumas questões fundamentais que precisamos entender e aceitar. Para conseguir o sucesso em vendas, o profissional precisa ter boa parte destas características abaixo. Se você possui a maioria delas, ótima notícia, você está no caminho certo para o sucesso, mas caso não possua a maioria, não se preocupe, você tem tempo de adquiri-las:

1- Amor pela profissão;
2- Disposição para trabalhar com afinco;
3- Necessidade de ter sucesso;
4- Otimismo;
5- Conhecimento do trabalho;
6- Saber usar o tempo a seu favor;
7- Capacidade de fazer perguntas ao cliente e de ouvi-lo;
8- Estar apto a prestar um bom serviço ao cliente;
9- Estar preparado fisicamente e mentalmente para a vida e o trabalho;
10- Ser capaz de aceitar as recompensas que o sucesso pode lhe trazer.

Leia este dez itens e procurem compreendê-los, somente desta forma você será capaz de ser um mestre em vendas.

1 – Amor pela profissão

O profissional de vendas de sucesso é uma pessoa que adora vender, acha o trabalho estimulante e está solidamente convencida de que o produto que vende oferece algo de valor.

Por mais clichê que possa parecer, fazer o que gosta é o primeiro passo para o sucesso, pois o entusiasmo no trabalho faz a diferença na carreira. Mas, aqui cabe uma dica interessante, fazer o que gosta às vezes não significa trabalhar com aquela profissão que sonhou a vida toda. Por algum motivo, esta profissão não lhe trouxe o sucesso financeiro esperado, por isso busque algo que possa lhe dar este retorno, faça com o maior prazer do mundo e, no futuro, se ainda desejar, volte a trabalhar com seu hobby. Aqueles que conseguem ter o trabalho dos seus sonhos e este trabalho lhe completa em todos os sentidos, excelente. Os profissionais de vendas estão sempre procurando fazer bem o seu trabalho, o que os leva a se empenhar em vender cada vez mais e melhor. Pois a cada virada de mês (ou ciclo de venda) o trabalho recomeça.

2 – Disposição para trabalhar com afinco

Existe uma palavra que resume tudo o que é necessário para a pessoa ter sucesso na vida. Essa palavra transforma o tolo em inteligente. Transforma o inteligente em brilhante. Transforma o brilhante em resoluto. Essa palavra abre portas para você. Essa palavra faz com que estendam um tapete vermelho para você. Essa palavra o liga a algumas das pessoas mais belas e poderosas do mundo. Essa palavra traz sucesso para todas as pessoas. Essa palavra milagrosa e mágica é: TRABALHO. Uma atitude positiva em relação ao trabalho faz maravilhas! Com frequência se diz que as pessoas bem-sucedidas tiveram sorte. No entanto, sua sorte se soletra como T-R-A-B-A-L-H-O. Quanto mais elas trabalham, mais sorte têm. Esta frase já se transformou em jargão no mundo corporativo.

Vendas é uma atividade que exige muito tempo de trabalho duro, pois a rotina de trabalho para atingir as metas é implacável. Vendas não é sorte, é processo. Os vendedores que acordam cedo, estudam e conhecem seus produtos ou serviços de A a Z possuem um funil de vendas bem definido, procuram novos *prospects* diariamente e realizam mais de duas visitas produtivas por dia com certeza alcançam seus resultados. Percebam esta sequência de ações, isto é vendas. Você realiza um processo de vendas? Caso sua resposta seja não, desculpe, meu amigo, você não será um mestre em vendas.

É comum na área comercial uma jornada diária de trabalho de 10 a 12 horas, às vezes incluindo sábados e domingos. Não é apenas seu amor pela profissão, e sim a necessidade de sucesso que motiva os verdadeiros profissionais de vendas de primeira linha, os profissionais que faturam realmente alto! Você quer ser um destes profissionais?

Matt Suffoletto, da IBM, disse certa vez: "Se você fizer cada visita, apresentação ou proposta de vendas como se ela fosse o único evento do qual você dependesse para cobrir a sua meta, obter reconhecimento ou conseguir uma promoção, você sempre estará quilômetros à frente dos seus concorrentes". Por trás da tolerância com o trabalho duro costuma estar o desejo de ter sucesso na vida. Fique atento ao seu processo de vendas.

3 – Necessidade de ter sucesso

Todos nós temos o desejo de alcançar sucesso, embora esse desejo seja maior em alguns indivíduos. Profissionais de vendas de sucesso têm como parte de sua personalidade uma sólida ética de trabalho e uma enorme necessidade de buscar o sucesso. Se uma pessoa ama seu trabalho, está disposta a trabalhar duro e tem um forte desejo de obter sucesso, você acha que ela tende a ser bem-sucedida?

Se tornar o líder de vendas da sua empresa, superando todas as metas e conquistando a admiração de todos é mais que um simples primeiro lugar e excelentes ganhos. Isso demonstra excelência, e praticar excelência é fazer um esforço a mais, entregar mais do que o esperado, é simplesmente surpreender. Nenhuma área nos concede a oportunidade de surpreender cada vez mais do que a área de vendas. O vendedor precisa estar empenhado a terminar seu dia com a convicção e a certeza do trabalho realizado, para isso, faça as seguintes perguntas a você mesmo:

Fiz o melhor que pude?
Fui além do esperado?
Fiz aquele esforço adicional?

Reflita e aja!

A necessidade de ter sucesso pressupõe persistência.

> *"Nada neste mundo substitui a persistência. O talento não substitui. Nada é mais comum que homens talentosos e fracassados. A genialidade não substitui. Gênios fracassados são quase um provérbio. A cultura não a substitui. O mundo está cheio de cultos desventurados. A persistência e a determinação são onipotentes. A palavra 'perseverar' tem resolvido e sempre resolverá os problemas da espécie humana"*
>
> *Calvin Coolidge – Ex-presidente dos Estados Unidos.*

A persistência costuma vir acompanhada da capacidade de superar os limites normais. Somente as limitações autoimpostas podem nos deter. Se não conseguimos sucesso ou se nosso sucesso é limitado, normalmente isso é devido a preconceitos que colocam uma barreira invisível em nosso caminho.

Realizando a venda para ter sucesso

Quando as coisas derem errado, como às vezes dão, quando sua estrada parecer uma subida sem perdão, quando as dívidas forem altas e os recursos mínimos e você quiser sorrir, e só conseguir suspirar, quando a preocupação for a única coisa diante da sua vista, descanse, mas não desista. A vida é caprichosa, e desistir não nos levará a nenhum lugar. Não desista, ainda que seu progresso pareça lento, mais tarde você pode conseguir, com outra investida a contento.

Muitas vezes o lutador deixa de perseverar, quando a taça da vitória tão perto estava de conquistar, e acaba percebendo, já muito tarde, quando sobre a terra a lua lança sua luz prateada, quão próximo ele estava da coroa dourada. O sucesso é o avesso do fracasso, continue lutando, ainda que o mais duro golpe possa vir, porque quando piores estão as coisas é que não se pode desistir. (Autor desconhecido)

4 – Otimismo

Profissionais de vendas consideram como principal razão de seu sucesso a atitude positiva em relação a suas empresas, a seus produtos, aos clientes e a si mesmos. Profissionais de vendas de sucesso são entusiasmados, confiantes e constantemente se consideram bem-sucedidos. É lógico que há momentos em que as coisas não correm tão bem quanto eles desejariam.

No entanto, sua atitude mental positiva ajuda a superar esses problemas periódicos. Eles estão sempre buscando novos métodos para melhorar sua atitude. E para superar os desafios, nada melhor do que estar preparado, por isso fazem muitos treinamentos, se especializam em diversos cursos, promovem estudos e buscam a experiência.

Profissionais de vendas de sucesso dizem que seu pior inimigo é a preguiça, o maior obstáculo é a inércia, a mais perigosa tentação é o adiamento. O início é a parte mais difícil. Sua tarefa mais penosa é sair em campo e começar a partida. Os melhores profissionais de vendas percebem que a protelação pode destruir a oportunidade de fazer uma venda.

Profissionais de vendas bem-sucedidos não usam as palavras um dia desses. Eles percebem que aquilo que você faz hoje determina os seus amanhãs. Assim sendo, o amanhã é hoje! Eles sempre pensam no hoje como uma nova oportunidade em sua vida.

"Deus ajuda a quem cedo madruga." Este ditado popular tem muito a ver com ser um mestre em vendas: profissionais de vendas de sucesso sabem disso. Eles são as pessoas do "faça agora". Pegam o telefone, enviam um e-mail ou fazem uma visita de vendas hoje, para ter sucesso amanhã. Em nenhuma outra profissão a necessidade de pensar positivamente é mais importante do que em vendas. Como profissional de vendas, examine o seu "eu" mais profundo, normalmente chamado de autoconceito, e assegure-se de assumir uma atitude positiva e entusiástica em relação a si mesmo, a seu trabalho e a seus clientes. E isso tudo implica:

- Acreditar em si mesmo
- Pensar em si mesmo como sendo um sucesso
- Ter uma postura positiva em relação à vida e ao trabalho.

O otimismo e o trabalho duro são a base do sucesso. Além disso, os profissionais de vendas de primeira linha acreditam que o conhecimento da função e/ou do produto sejam extremamente necessários para se ter sucesso na carreira de vendas.

Estar bem informado

Estas informações ao serem lidas podem parecer óbvias e básicas, mas a maioria dos vendedores possuem dificuldades para internalizá-las de forma eficiente por esta razão, precisamos repetir constantemente. Profissionais de vendas bem-sucedidos precisam se empenhar constantemente em estarem muito bem informados sobre todos os aspectos de sua área de negócios. Isso os ajuda a projetar uma imagem profissional do vendedor e a obter a confiança do cliente.

Profissionais de vendas de sucesso obtêm profundos conhecimentos sobre a sua área de negócios por meio da leitura e da observação. Aprender que o estudo, por exemplo, a leitura, não acaba no final da faculdade – é aí que começa! Muitos profissionais têm grandes bibliotecas pessoais, comprar livros não é custo e sim investimento.

De modo geral, os profissionais de vendas não são treinados ou motivados por suas empresas para ler, isso é um ponto que precisa mudar, mas já que a empresa não incentiva a leitura o suficiente, o próprio vendedor precisar ir atrás deste enorme benefício, portanto, faça sozinho, não espere: leia, aprenda e ensine.

Assine publicações interessantes como revistas e jornais. Visite livrarias de sua preferência e navegue muito na internet atrás de boas e verdadeiras informações. Mantenha-se em dia com as notícias municipais, estaduais, nacionais e internacionais. Continue seus estudos, sempre!

À medida que os produtos e serviços tornam-se mais complexos, as empresas aumentam sua ênfase em treinar seu pessoal de vendas e em contar com pessoas que procuram se reciclar. As empresas buscam profissionais preparados e prontos a se tornarem grandes vendedores, mesmo que estejam iniciando a carreira. Profissionais iniciantes, sem experiência, precisam demonstrar a seu gerente, e até mesmo em uma entrevista de emprego, o quanto estão preparados para aprender no dia a dia de sua função.

O conhecimento inclui também estar a par das mais modernas ideias ligadas às qualificações de vendas. Profissionais de vendas de sucesso são especialistas em desenvolver e apresentar palestras que vendam seus produtos. Eles estão constantemente aprendendo métodos para melhorar ou aperfeiçoar suas formas de trabalho, por exemplo, como determinar as necessidades do cliente, demonstrando através de sua comunicação efetiva os benefícios que seus produtos oferecem para atender tais necessidades.

Profissionais de vendas leem livros, artigos de revistas e fazem cursos para aprender como vender melhor seus produtos. Esse conhecimento é incorporado em suas apresentações, as quais são ensaiadas até que soem como uma conversa espontânea entre vendedor e comprador. Além de ler livros de vendas e revistas, aproveite os treinamentos e informações disponibilizadas pela empresa. Lembre-se de que conhecimento é sinônimo de poder, mas que a chave de ignição é o entusiasmo. Alcance seus objetivos e continue aprendendo para o resto da vida.

6 – Saber usar o tempo a seu favor!

A expressão "Tempo é dinheiro" nunca foi tão verdadeira como nos tempos atuais. Os profissionais de vendas de maior sucesso são implacáveis no que se refere à administração do seu tempo. Às vezes mesmo sem saberem, muitos vendedores aplicam a poderosa ferramenta chamada princípio de Pareto.

O princípio de Pareto refere-se ao economista do século 19, Vilfredo Pareto, que descobriu que, em qualquer atividade humana, os maiores resultados costumam provir de um pequeno número de fatores. Por exemplo, estudos demonstram que a maioria das pessoas despende 80% do seu tempo nos 20% menos importantes do seu trabalho, conseguem perceber como esta informação é valiosa? Consequentemente, as pessoas usam apenas 20% do tempo fazendo o trabalho que gera 80% de seus resultados.

Os profissionais de vendas bem-sucedidos conhecem estas informações e as colocam em prática, assim, eles programam suas prioridades diárias de forma específica, de modo investir 80% do seu tempo nos 20% do trabalho que lhe trazem os maiores resultados. Uma vez que dispõem somente de um dado tempo no dia para contatar os clientes, e considerando que há tantas pressões sendo exercidas sobre o seu tempo, esses profissionais de sucesso valorizam o tempo e o usam com sabedoria, planejando as atividades do dia. Neste ponto está um passo fundamental para o segredo do sucesso, o profissional que consegue distribuir de forma inteligente suas atividades tem grande chance de alcançar o sucesso.

A administração eficaz do tempo é importantíssima, é exatamente por isso que se faz necessário planejar cuidadosamente qual cliente visitar, o produto a apresentar e como fazer a apresentação. Em vendas de porta a porta, busque objetividade com sutileza e foco no cliente, desta forma o vendedor aumentará o número de visitas e consequentemente seus fechamentos.

Faça uma reflexão sobre seus dias de trabalho e experimentem administrar de forma inteligente seu tempo, divida seu dia em partes e o administre, encontre tempo para: prospecções, visitas, deslocamentos, preenchimento dos contratos, reuniões internas, treinamentos, reuniões informais e planejamento das vendas. Acredite, isso trará resultado.

Quanto você vale?

Quanto você vale? Já se fez esta pergunta? Profissionais de vendas de primeira linha estão sempre lutando para serem os melhores possíveis. Cada um de nós pode controlar o próprio destino, seremos o que queremos ser.

Considere, por exemplo, uma barra de ferro que vale cerca de R$5,00. Transforme-a numa ferradura e ela valerá cerca de R$11,00; se transformada em chaves de fenda, valerá cerca de R$15,00, se transformada em agulhas valerá R$3.500,00. O mesmo se aplica a outro tipo de material – o vendedor, ou seja, você! Seu valor é determinado por aquilo em que você decide se transfor mar. Pense nisso e faça a diferença. O que você quer ser? Um mestre em vendas ou um vendedor comum?

7 – *Capacidade de fazer perguntas ao cliente e de ouvi-lo*

Bons profissionais de vendas são bons ouvintes. Eles fazem perguntas para descobrir as necessidades dos *prospects* e depois escutam atentamente suas respostas. Em seguida, eles mostram como benefícios de seus produtos podem atender aquelas necessidades.

A capacidade de identificar e atender as necessidades do cliente é o que separa o profissional de vendas de sucesso do profissional de vendas mediano (para não dizer medíocre).

Um profissional valioso é aquele que sabe fazer as perguntas corretas. Na maioria das vezes, não é a resposta que surpreende e sim a pergunta.

8 – Estar apto a prestar um bom serviço ao cliente

A mais importante característica para estabelecer um relacionamento de vendas duradouro com o cliente é a disposição de servi-lo. Os clientes precisam acreditar que você se preocupa com eles e com seu bem-estar.

Profissionais de vendas de sucesso respeitam os clientes, tratam-os de forma justa, gostam deles e desenvolvem com eles um bom relacionamento de trabalho, semelhante a uma parceria. Eles prestam um serviço excelente a cada cliente.

Tais fatores os ajudam a conquistar o respeito dos clientes e a serem considerados profissionais éticos. Uma regra de ouro, um verdadeiro mandamento: "Faça ao próximo tudo aquilo que você gostaria que fizessem com você". Isto traz respeito.

Esteja física e mentalmente preparado

O preparo físico ajuda na força mental. O exercício físico melhora o humor, aumenta a capacidade de energia que temos e ao mesmo tempo libera no corpo substâncias semelhantes à adrenalina, que agem como estimulantes e antidepressivos. Essa sensação de bem-estar irradia-se pelo corpo e pela mente. Clientes gostam de ser atendidos por pessoas que aparentam bem-estar e saúde. Portanto, nada de preguiça. Praticar esportes é essencial para a vida e, acreditem, para o trabalho. Mãos à obra e bem-vindo às corridas.

Saber que você está em forma para enfrentar o hoje e o amanhã é um componente importante do sucesso. Estar em forma é um processo mental e físico. Lembre-se de que a mente é igual a um músculo em um aspecto: ela se deteriora se não for usada. A confiança e o entusiasmo levam-nos a integrar corpo e mente. Esse tipo de atitude, por sua vez, determina como nos sentimos em relação ao nosso corpo.

Neste mundo moderno e corrido, a desculpa para não realizar exercícios físicos é presente na vida da maioria das pessoas, basta procurar as pesquisas sobre a obesidade no nosso país. Vivemos em um lugar bonito, quente e com muito verde, nada de desculpas. Para fazer caminhadas, basta boa vontade. Se você é daqueles que não fazem nada há muito tempo, procure um médico e comece os exercícios físicos, antes tarde do que mais tarde. E junto com os exercícios, escolham bem o que comer, uma dieta alimentar é fundamental para uma vida saudável. Portanto! Coragem e força de vontade.

O estado do corpo, da mente e da alma vai exercer uma influência direta sobre seu nível de desempenho. Este é mais um item que todos estão cansados de saber, mas cabe a velha pergunta: Então por que você não faz?

9 – Ser capaz de aceitar as recompensas que o sucesso pode lhe trazer

Você esta preparado para o sucesso? Você acredita que merece o sonhado sucesso? Eu digo que sim, todos nós merecemos ter sucesso em nossas vidas, mas para isso precisamos nos preparar e sermos capazes de transformar pensamentos em ações que se transformarão em resultados.

Acredite de verdade em você e se abra para receber os benefícios de ser um mestre em vendas.

Capítulo 3

Realizando a venda
O que significa a palavra cliente?

Os profissionais de vendas bem-sucedidos criam hábitos e rotinas que levam ao sucesso, mas criar hábitos é difícil e às vezes doloroso, pois é bem mais fácil não fazer nada, concordam? Lembram-se da preguiça? Quem não gostaria de chegar em casa e ir direto para a TV em vez de trocar de roupa e ir para academia ou correr na rua? O que é mais fácil? Ou simplesmente não estudar ou ler um livro e em vez disso ficar a noite toda nas redes sociais?

Por este e outros motivos que os mestres em vendas não escolhem os caminhos mais fáceis, porque sabem que estes caminhos são confortáveis a curto prazo, mas daqui a pouco estas escolhas farão com que eles deixem de serem mestres em vendas para serem vendedores medíocres.

Para realizarmos as vendas com sucesso precisamos de bons hábitos e de uma bela rotina, e sempre que necessário alterar estes bons hábitos e as rotinas. Lembrem-se de que somos o que fazemos.

Os clientes sabem quando estão diante de um mestre em vendas, porque podem confiar neste vendedor, e por outro lado os vendedores precisam entender qual é o papel do cliente, vejam:

- Os clientes são as pessoas mais importantes em qualquer atividade de negócios;
- Os clientes não dependem de nós. Nós é que dependemos deles;
- Os clientes não são uma interrupção do nosso trabalho. Eles são a nossa finalidade;
- Os clientes nos dão oportunidades em nos prestigiar em relação às nossas vendas, por isso não fazemos favor nenhum ao atendê-los. O que é importante entender é que existe uma troca de favores, por isso atender bem é o diferencial de um bom vendedor;
- Os clientes são parte da nossa atividade, não são alheios a ela. Os clientes não são apenas dinheiro no caixa. Os clientes são seres humanos com sentimentos e merecem ser tratados com respeito;
- Os clientes são pessoas que nos procuram com suas necessidades e desejos. É nosso trabalho satisfazê-los;
- Os clientes são a vida de todas as atividades de negócios. Os clientes pagam o nosso salário. Sem eles, teríamos de fechar as portas.

Nunca se esqueça de tudo isto!

Outro ponto fundamental que espero que tenha ficado claro, o qual não podemos deixar de lado, é o fato de que os clientes não nos fazem favores quando compram nossos produtos ou serviços, eles nos dão oportunidades.

É importante dizer "não" aos clientes quando necessário, e a velha máxima que o cliente sempre tem razão deve se entendida com cuidado, pois nem sempre isso é verdade. Por isso, transparência é primordial nesta relação de confiança.

Construindo vendas de relacionamento

Profissionais querem ser consultores, parceiros e agentes de soluções para seus clientes. Sua meta é construir relacionamento de longo prazo com os clientes. Os profissionais de vendas procuram beneficiar seu empregador, seus clientes e a si próprios.

O avanço no mundo das vendas fez com que os vendedores se tornassem mais conhecedores do setor que atuam do que a maioria dos clientes. Essa especialização torna o vendedor apto a ser um verdadeiro parceiro do comprador, assumindo um papel de consultor de soluções de problemas. O vendedor de hoje fornece informações profissionais aos clientes, as quais os ajudam a tomar medidas inteligentes no sentido de atingir seus objetivos de curto e longo prazo, prestando em seguida serviços de atendimento e acompanhamento para garantir a satisfação com a compra. Isso é que constrói a *fidelidade do cliente*, ou seja: *um relacionamento*.

Para criar relacionamentos são importantes alguns pontos como:

- Analisar as necessidades dos clientes;
- Recomendar uma solução compatível para o problema ou necessidade do cliente;

- Respeitar os compromissos da venda e
- Manter o apoio correto no pós-venda.

O que faz um profissional de vendas?

Muita gente responderia: "ora! Vende!". E a resposta está certa, mas será que todos os vendedores vendem da mesma forma? Acredito em diferenças significativas de vendas, pois as funções ou atividades de um profissional de vendas podem variar de empresa para empresa, dependendo do que se trata suas vendas, principalmente diferenciando produtos e serviços.

Por exemplo, um profissional que vende produtos tangíveis como cosméticos, comparado com um vendedor que vende algo intangível, como um serviço, incluindo aqui, vendas altamente tecnificadas. As abordagens e prospecção de clientes serão completamente diferentes.

A maioria das pessoas acha que a única coisa que o vendedor faz são apresentações de vendas, ou seja, apresenta o produto, mas seu trabalho vai muito além da venda pessoa a pessoa ou empresa a empresa.

O mestre em vendas funciona como um *gerente de território*, planejando, organizando e desempenhando atividades que aumentam as vendas e os lucros de uma certa área. Um território de vendas abrange determinado grupo de clientes dentro de uma área geográfica. Como um gerente de um território, o profissional de vendas precisa desempenhar algumas funções importantes, tais como:

1- Abrir novas negociações com novos clientes

Para aumentar as vendas e substituir os clientes

que vão sendo perdidos no decorrer do tempo, muitos tipos de atividades de vendas exigem que o profissional faça contínuas *prospecções*. Todo vendedor de sucesso é um excelente prospector, pois realização prospecções de forma natural, espontânea. Torne-se mestre na prospecção e será um mestre em vendas.

2- Vender mais para a clientela atual

A arte de fidelizar clientes vem de encontro com um dos maiores desafios dos vendedores, vender mais para os mesmos clientes. Para que isso seja possível, é necessário um excelente trabalho de pós-venda e atenção ao cliente.

O mestre em vendas jamais deixa seu cliente de lado, nunca esquece que ele existe e está sempre lhe enviando informações e realizando visitas periódicas. Mais uma vez, você pode pensar: *isso é impossível, nenhum vendedor se esquece do seu cliente.*

Desculpe mais uma vez desapontá-lo, este dilema acontece muito. Concordo que é um fato inacreditável, mas muitos vendedores se esquecem dos seus clientes, ou seja, vendem apenas uma vez e simplesmente desaparecem.

Caríssimos, manter uma carteira de cliente atualizada é a mesma coisa que possuir um patrimônio grandioso. Não se esqueça disso!

3- Construir relacionamentos de longo prazo com os clientes

Conseguir a oportunidade de vender mais produtos para um cliente atual significa que o profissional de vendas deve ter um relacionamento comercial positivo e profissional com pessoas e organizações que confiem nele e nos produtos comprados.

4- *Trazer soluções para os problemas do cliente*

Clientes têm necessidades que precisam ser atendidas e problemas que podem ser resolvidos por meio da compra de produtos ou serviços. Os profissionais de vendas procuram descobrir as necessidades ou problemas potenciais existentes. Uma vez feito isso, é preciso demonstrar de que forma o uso de seus produtos ou serviços podem atender aquelas necessidades ou resolver aqueles problemas. Por isso, foco no negócio do cliente e ouça seus comentários com atenção, são estes momentos que auxiliam a fechar uma venda.

5- *Prestar serviço aos clientes*

Profissionais de vendas prestam ampla gama de serviços, incluindo atendimento de reclamações, devolução de mercadorias, oferecimento de amostras, sugestão de oportunidade de negócio e oferta de recomendações sobre como o cliente pode promover os produtos comprados.

A maioria dos vendedores medianos simplesmente vende e desaparece, não estão focados em vender mais para o mesmo cliente, suportar novas necessidades e/ou ajudar em novas oportunidades para o negócio do seus clientes. Estes vendedores não serão mestres em vendas, consequentemente, não terão ganhos excepcionais.

6- *Ajudar a clientela a revender os produtos para os seus clientes*

Parte importante do trabalho de muitos profissionais de vendas é ajudar os clientes a melhorar suas vendas através dos produtos que vendem.

Clientes corporativos adquirem produtos e serviços visando seu próprio negócio, e um dos desafios dos profissionais de vendas é mostrar o quanto é importante seu produto para o negócio do cliente. Por mais óbvio que seja a utilização do seu produto ou serviço para o cliente, não custa nada entender o que o cliente quer fazer com a sua compra. Vendedores experientes, com altos ganhos, sabem que conhecer o trabalho dos seus clientes e apresentar novas oportunidades dentro da sua carteira de clientes gera relacionamento e confiança.

7- Ajudar os clientes a usar os produtos depois da compra

O trabalho do profissional de vendas não acaba quando o produto ou serviço é entregue, muitas vezes é necessário demonstrar ao cliente como obter o máximo benefício do produto.

8- Consolidar o bom conceito da empresa junto ao cliente

O trabalho de vendas é orientado para pessoas, o que implica o contato pessoal com o cliente. Muitas vendas dependem, em certo grau, da amizade e da confiança. O profissional de vendas precisa desenvolver um relacionamento comercial pessoal e amistoso com todos que possam influenciar na decisão de compra. Esta parte intrínseca do trabalho do profissional de vendas requer integridade, padrões éticos elevados e um sincero interesse pelo atendimento das necessidades do cliente.

9- Fornecer informações de mercado à empresa

Profissionais de vendas trazem às suas empresas informações sobre as atividades da concorrência, reações dos clientes aos produtos da empresa, reclamações relativas a produtos ou políticas, oportunidades de mercado e também sobre as atividades de seu trabalho.

Para muitas empresas, tais informações são tão importantes que seu pessoal de vendas é solicitado a apresentar relatórios semanais ou mensais sobre as atividades da concorrência em seu território. Os profissionais de vendas são parte vital do sistema de obtenção de informações, por isso, colabore!

Seguindo estas funções, você terá sucesso.

O futuro para o profissional de vendas

Neste mundo incerto e em rápida mudança, como aprender a ser um profissional de vendas? Será que um curso de vendas pode prepará-lo para se tornar um profissional de vendas capacitado para enfrentar os novos desafios? Acreditem, excelentes vendedores não nasceram com algum tipo de dom para vendas, eles se tornaram grandes vendedores. Vendas é uma profissão que se aprende, basta ficar atento, estudar bastante as técnicas básicas e aperfeiçoar todos os dias.

O aprendizado de técnicas e vendas

Vender é ao mesmo tempo arte e ciência. É uma arte porque muitas das qualificações não podem ser aprendidas a partir de um livro didático. Vender requer prática, da mesma forma que jogar futebol ou tênis. Estudar num livro ajuda, mas não é o suficiente. Muitas habilidades, tais como entender as mensagens de comunicação não verbal dos compradores, ouvir, administrar objeções e fazer o fechamento, requerem prática. Tais habilidades são aprendidas com a experiência.

Vender é também uma ciência porque essa atividade é descrita por um crescente conjunto de conhecimentos e de fatos objetivos. Tornar-se profissional de vendas de sucesso exige uma mescla de aprendizagem formal e prática, de ciência e arte. Houve tempos em que a prática bastava para aprender a vender, mas não é mais assim. Um curso formal de vendas pode ajudar o profissional a se tornar mais competente e a se preparar para os desafios do futuro.

O estudo de vendas ajuda as pessoas a ver e entender aspectos das vendas que de outra forma estariam indisponíveis. O treinamento ajuda os profissionais de vendas a adquirirem as qualificações conceituais, humanas e técnicas necessárias ao trabalho de vendas; trata-se do patrimônio do profissional.

Diversas qualificações para os profissionais de vendas são exigidas e necessárias, mas gostaria de citar apenas três, as quais considero muito importante: habilidade conceitual, capacidade de relacionamento interpessoal e qualificação técnica.

Habilidade conceitual

Habilidade conceitual é a capacidade cognitiva de ver o processo de vendas como um todo e a relação entre suas partes. A habilidade conceitual abrange a capacidade de pensamento e de planejamento do vendedor. Pressupõe saber onde o produto do vendedor se enquadra no negócio do cliente ou como o início de uma apresentação de vendas se inter-relaciona com a solicitação de fechamento do pedido. As habilidades conceituais possibilitam ao vendedor pensar estrategicamente, para entender o produto, a apresentação, o comprador e a empresa compradora.

Capacidade de relacionamento interpessoal

A capacidade de relacionamento interpessoal é a aptidão para trabalhar em equipe e para se relacionar com outras pessoas. Profissionais de vendas demonstram essa capacidade na maneira com que se relacionam com outras pessoas, incluindo o pessoal interno da própria empresa e os clientes.

O vendedor dotado dessa capacidade gosta das outras pessoas e é apreciado por elas. Vendedores desprovidos dessa capacidade costumam ser indelicados, críticos e antipáticos. Sendo dominadores e arrogantes, eles não são receptivos às necessidades dos outros.

Vendas exige estar de frente para outra pessoa, e ter o que chamamos de simpatia auxilia e muito a conquistar os clientes.

Qualificações técnicas

A qualidade técnica consiste na compreensão de tarefas específicas e na competência para desempenhá-las. A qualificação técnica inclui o domínio de métodos, técnicas e equipamentos envolvidos em vendas, tais como: habilidade para apresentações e comunicação de usos do produto. A qualificação técnica pressupõe conhecimento especializado, capacidade analítica e uso competente de instrumentos e técnicas de solução de problemas naquela matéria específica.

Processo de vendas

Embora muitos fatores possam influenciar a maneira com que o profissional de vendas encontra seus clientes e os convence a comprar seus produtos ou serviços, é importante conhecer a sequência lógica de ações que, se seguida, pode aumentar a possibilidade de fazer a venda. Esse processo de vendas envolve 10 etapas importantes:

1- Prospecção:

Localizar e qualificar possíveis clientes.

2- Pré-abordagem:

Conseguir a visita presencial, determinar o objetivo da visita de vendas; desenvolver o perfil do cliente, demonstrar o programa de benefícios para o cliente e as estratégias de apresentação de vendas.

3- Abordagem:

Visitar o prospect e iniciar a apresentação de vendas personalizada.

4- Apresentação:

Descobrir mais necessidades do cliente, relacionar os benefícios do produto ou serviços às necessidades, usando demonstração, dramatização, recursos visuais e afirmações comprovadas.

5- Fechamento tentativo:

Pedir a opinião do prospect durante e depois da apresentação.

6- Objeções:

Descobrir as objeções.

7- Superar as objeções:

Responder satisfatoriamente às objeções.

8- Fechamento tentativo:

Pedir a opinião do prospect após superar cada objeção e imediatamente antes do fechamento.

9- Fechamento:

Conduzir o cliente à conclusão lógica de comprar.

10- Acompanhamento e serviço:

Servir o cliente após a venda.

CAPÍTULO 4

ADMINISTRANDO O TEMPO DO SEU TRABALHO E DE SI MESMO

Uma das desculpas mais utilizadas por todos nós é: não tenho tempo para nada. Infelizmente esta desculpa é a mais mentirosa do mundo, quem é responsável pelo nosso tempo somos nós mesmos, ninguém melhor do que cada indivíduo para administrar o próprio tempo. Portanto deixe de desculpas mentirosas e planeje seu tempo e se torne um mestre em vendas.

Para ter tempo de sobra, basta planejamento. Planejar seu dia de trabalho é o diferencial para o sucesso, e administrar seu tempo com os clientes é o fator principal para alcançar a eficiência e agradar a toda sua carteira de clientes.

Como planejar corretamente seu tempo? Simples, conheça em detalhes sua carteira de clientes e os seus *prospects*. Avalie a situação de cada um e planeje quanto tempo você utilizará com eles. Reserve tempo para novas prospecções e vendas porta a porta. E não se esqueça de deixar um tempo para a leitura, treinamentos e o preenchimento adequado dos contratos.

O tempo é importante para o mestre em vendas, pois ele conhece o ditado popular: "Ontem é o passado, amanhã é o futuro, mas o hoje é uma dádiva, por isso é chamado de presente". Aproveite bem seu dia.

Regiões de vendas

Uma região de vendas compreende um grupo de clientes ou uma área geográfica atribuídos ao profissional de vendas. O território pode ou não ter limites geográficos. Tipicamente, porém, o profissional recebe uma área geográfica que contém clientes atuais e potenciais. Crie mecanismos que garantam que você atendeu todos os seus clientes dentro do seu raio de atuação.

Vendedores despreparados saem feito loucos procurando clientes em todas as direções, isso é trabalhoso e gasta mais tempo do vendedor. Acredite em uma área de atuação, quando perceber que esta área está esgotada, aumente seu raio de atuação. Não é novidade para ninguém que muitos vendedores não conhecem clientes potenciais no próprio prédio ou rua onde trabalham. Fiquem atentos e vendam mais.

Por que estabelecer regiões de vendas?

As empresas criam e usam regiões de vendas por inúmeros motivos, vejam estes:

- Obter cobertura total do mercado;
- Avaliar o desempenho;
- Melhorar os relacionamentos com os clientes;
- Reduzir as despesas de vendas;
- Permitir melhor ajuste entre o profissional de vendas e as necessidades do cliente;
- Beneficiar tanto os profissionais de vendas como a empresa.

1 – Obter cobertura total do mercado

Com a cobertura adequada de regiões, a empresa alcançará o potencial de vendas de seus mercados. O profissional de vendas analisa o território e identifica os clientes. Com um território individual, ele pode atender melhor as necessidades dos clientes. A divisão em regiões também permite que a gerência remaneje facilmente as áreas, conforme os clientes e as vendas aumentem ou diminuam.

2 – Avaliar o desempenho

O desempenho é monitorado em cada região. Os dados efetivos de desempenho são coletados, analisados e comparados com as metas esperadas. Desta forma pode-se comparar com as demais áreas e definir as estratégias de expansão e melhoria das vendas.

3 – Melhorar o relacionamento com os clientes

Espera-se boa vontade dos clientes e aumento das vendas quando eles recebem visitas regulares. Do ponto de vista do cliente, o profissional de vendas é peça fundamental de todo o processo de vendas. O cliente olha para o profissional de vendas, não para seu escritório central. Ao longo dos anos, alguns profissionais de vendas constroem um relacionamento tão bom com os clientes que estes esperam para fazer os pedidos porque sabem que o profissional de vendas estará em sua empresa.

4 – Reduzir as despesas de vendas

As regiões de vendas são estabelecidas para evitar a duplicação de esforços, de modo que dois profissionais de vendas não percorram a mesma área. Isso reduz os custos de venda e aumenta os lucros da empresa. Benefícios como menos terreno percorrido e mais contatos regulares com clientes produtivos pelo mesmo profissional podem melhorar a relação vendas-custo da empresa.

5 – Permitir melhor ajuste entre o profissional de vendas e as necessidades do cliente

Os profissionais de vendas são contratados e treinados para atender aos requisitos dos clientes de uma região. Muitas vezes, quanto mais parecidos forem o cliente e o profissional de vendas, maior a probabilidade de que as vendas sejam bem-sucedidas.

6 – Beneficiar tanto o profissional de vendas como a empresa

Uma divisão adequada de regiões ajuda a alcançar os objetivos de vendas da empresa. Assim, a companhia pode maximizar seus esforços de vendas, ao mesmo tempo em que os profissionais de vendas podem trabalhar em regiões que lhes permitem satisfazer necessidades pessoais.

Por que as regiões de vendas às vezes não são desenvolvidas

Há também desvantagens no desenvolvimento das regiões de vendas para algumas empresas. Primeiro, os profissionais de vendas podem se sentir mais motivados se não estiverem restritos a uma região específica, pois assim podem procurar clientes onde quiserem. Segundo, a empresa pode ser pequena para se preocupar com a segmentação do mercado em áreas de vendas. Terceiro, a gerência pode não querer gastar tempo, ou pode não ter o conhecimento necessário, para desenvolver a região. Quarto, amizades pessoais podem ser a base para atrair clientes.

Gasto de tempo na região

Como disse anteriormente, administrar o tempo com planejamento e inteligência faz a diferença para os profissionais de vendas dentro das suas regiões, pois é necessário percorrer a área e visitar os clientes, na maioria das vezes mais de uma vez. Há sete fatores básicos a considerar quanto ao gasto de tempo:

1- Número de contas na região;
2- Número de contatos de vendas feitos com os clientes;
3- Tempo requerido para cada contato de vendas;
4- Frequência dos contatos de vendas com os clientes;

5- Tempo de deslocamento dentro da região;
6- Tempo não dedicado a vendas;
7- Retorno sobre o tempo investido

A análise de clientes potenciais na região resulta na determinação do número total de contas desta região. Estabelecendo esta quantidade, agora, é possível definir o número de contatos de vendas anuais necessários, o tempo requerido para cada contato e os intervalos entre eles. Em geral, a frequência cresce conforme ocorrem aumentos em:

1- Vendas e/ou vendas potenciais futuras;
2- Número de pedidos realizados em um mês ou um ano;
3- Número de produtos vendidos;
4- Exigências em termos de complexidade, serviços e reformulação dos produtos.

Uma vez que o tempo gasto para servir uma conta varia de minutos a dias, os profissionais de vendas precisam ser flexíveis na definição da frequência dos contatos. No entanto, é possível estabelecer um número mínimo de vezes por mês ou ano que desejam contatar os vários tipos de clientes. Por exemplo, o profissional de vendas determina uma frequência de contatos para cada tipo de conta na região. Todas as contas, exceto as pequenas, são contatadas uma vez por mês. Crie sua rotina de contato e venda.

Quase sempre, o profissional investe seu tempo de vendas em proporção direta às negociações efetivas ou potenciais que o cliente representa. O número mais produtivo de contatos é atingido no ponto em que qualquer contato adicional não aumenta mais as vendas.

Retorno sobre o tempo investido

O tempo é um recurso escasso, principalmente feito sem planejamento. Para ter sucesso, o profissional de vendas usa o tempo de forma eficiente a fim de melhorar a produtividade da região. Podemos analisar e calcular os custos de vendas. Ou seja, qual é o custo em tempo e dinheiro de um contato de vendas médio?

A análise de ponto de equilíbrio determina o volume de vendas que um profissional de vendas deve gerar para cobrir os custos em uma região de atuação. A diferença entre o custo dos bens vendidos e as vendas é o lucro bruto da receita de vendas, devendo ser este suficientemente grande para cobrir as despesas de vendas. A análise de ponto de equilíbrio é uma técnica quantitativa para determinar o nível de vendas em que a receita total é igual aos custos totais. O ponto de equilíbrio de uma região é calculado em unidades monetárias:

Ponto de equilíbrio = Custos fixos do profissional de vendas / lucro bruto

Um profissional de vendas tem um custo para sua empresa ou para si mesmo. Por isso um ponto de equilíbrio deve ser calculado para que todos saibam os resultados que precisam ser obtidos para alcançar os valores necessários para a viabilidade do negócio. Assim o profissional deve vender uma média constante e realizar um trabalho forte de prospecção e ampliar cada vez mais seu funil de vendas, somente desta forma o profissional de vendas terá sucesso e a empresa lucrará.

A administração do tempo

"Tempo é dinheiro", todos sabem disso, ou já ouviram este ditado popular, as empresas a cada dia, estão mais focadas na redução de custos e a pressão para atingir as metas é cada vez mais forte e às vezes brutal. Por isso, senhores, o tempo é um aliado poderoso, desde que saibamos...? Quem sabe a resposta? A resposta é... planejá-lo!

Isso fica bem claro no caso de um profissional de vendas que trabalha por comissão. Esse profissional é um gerente de uma região que tem a responsabilidade de administrar seu tempo de maneira inteligente a fim de maximizar os lucros regionais. Assim, o profissional de vendas eficiente usa seu tempo de modo muito consistente. Como esse profissional administra seu tempo? Planejamento diário, semanal e mensal. Posso estar sendo repetitivo, mas vocês precisam entender que planejar o tempo é vital. Muitos profissionais de vendas desenvolvem planos de contatos ou um roteiro geral de clientes e áreas geográficas a serem cobertos por dia, semana e mês.

O vendedor deve utilizar este roteiro para marcar as reuniões com os clientes com antecedência. Os planos semanais são mais específicos e incluem os dias exatos em que os clientes serão visitados. O planejamento diário deve ser feito com certa antecedência e na noite anterior, o profissional de vendas deve repassá-lo brevemente a fim de que esteja preparado para atender bem aos clientes que irá visita. Organização e pontualidade é essencial para um profissional de vendas.

Uso do tempo de espera:

Você já viu profissionais de vendas esperando para serem recebidos por compradores? Já notou suas ações? Os melhores profissionais de vendas não ficam lendo revista de fofocas, ou perdendo tempo brincando no celular ou olhando o tempo passar, os mestres em vendas estão sempre preparados, por isso, quando esperam, leem buscando informações. Estes profissionais de alta performance trabalham enquanto esperam: estudando o material sobre seus produtos, completando relatórios de visitas ou organizando material para a apresentação de vendas. Além disso, eles verificam rapidamente se os compradores pelos quais estão esperando estarão livres num tempo razoável. Caso contrário, aproveitam para contatar outros clientes. Outro ditado popular: "Enquanto descansa, carrega pedra".

Horário de almoço produtivo:

Os profissionais de vendas, muitas vezes, levam clientes potenciais para almoçar. Contudo, os resultados de um estudo mostram que o almoço de negócios não leva diretamente a uma venda, mas a um melhor conhecimento entre o comprador e o profissional de vendas, o que cria a confiança. Isso, por sua vez, pode levar a uma venda a médio e longo prazo.

Durante um almoço de negócios, o vendedor precisa ficar atento ao relógio e não monopolizar demais o tempo do comprador. Não deve ingerir bebidas alcoólicas. Embora seja hábito de muitas pessoas tomar um drinque antes do almoço, o profissional de vendas estará menos alerta nos compromissos da tarde se fizer isso. Na realidade, algumas empresas chegam a proibir o uso de álcool. Aproveite bem seus almoços com os clientes. Quando não estiver almoçando com seus clientes, o profissional de vendas aproveita alguns minutos deste momento para revisar atividades e planejar melhor a tarde. Também não se esqueça de utilizar este horário para relaxar e se revigorar para ter uma tarde de vendas produtiva. Percebam que o precisamos buscar é um equilíbrio. Encontre seu equilíbrio e será um mestre em vendas.

Registros e relatórios:

Os registros e relatórios formam o histórico por escrito das vendas e das atividades do vendedor. Os profissionais de vendas eficientes preparam essa papelada (atualmente por meio digital) durante momentos que não são dedicados a vendas; as noites são os melhores momentos para isso. Muitas empresas levam em conta esses registros e relatórios nas avaliações de desempenho dos profissionais de vendas. Porém, esse tipo de tarefa deve ser exigido num nível mínimo pela empresa e mantido sempre atualizado pelo profissional.

Por mais burocrático que seja, e às vezes chato, manter um histórico das visitas e das vendas faz com que o vendedor desenvolva uma carteira de clientes forte e embasada no sucesso. Pense um pouco! Depois de um ou dois anos, o profissional de vendas terá em mãos um relatório poderoso. No mundo, informação vale como ouro.

Planejamento das vendas aos clientes

Parte importante da administração do tempo e da região é o desenvolvimento de um objetivo de contato de vendas, após definir qual cliente deseja "atacar", procure atualizar suas estratégias de vendas e vá à luta. Você tem uma meta alcançar, e para ter sucesso, estabeleça o tempo que irá dedicar a cada cliente, em seguida, crie um plano de vendas para cada um.

Agendamento e itinerário

Outro elemento importante da administração do tempo e da região é a programação dos contatos de vendas e o planejamento da movimentação pela região de vendas.

O agendamento dos horários das visitas para o vendedor tornou-se algo comum e importante. Vários vendedores são excelentes em fechar contratos, mas péssimos em prospectar por telefone. Para auxiliar estes ótimos vendedores, algumas empresas fornecem as visitas, deixando que o profissional faça seu trabalho diretamente junto ao cliente.

Em tais casos, a gerência deve desenvolver planos que sejam viáveis, flexíveis e lucrativos para a empresa e para o profissional de vendas. Controlar é importante, mas "engessar" o processo de vendas pode levar à diminuição das vendas, por isso, fique atento ao dimensionar rotas e projetar os itinerários.

Mesmo sabendo que é bem difícil fazer com que os vendedores preencham relatórios de itinerários para serem enviados ao gerente pelo menos uma vez por semana, esta é uma tarefa importante. A medida não é apenas um simples controle, é uma ação de vendas. Aos gerentes, um recado: façam funcionar; aos vendedores, façam, vocês só têm a ganhar.

Planeje atentamente seu itinerário

Às vezes, é difícil para um profissional de vendas estabelecer um itinerário. Os clientes não se localizam geograficamente de forma conveniente para o vendedor. Além disso, há uma dificuldade cada vez maior para se deslocar nas grandes cidades. Outro problema são clientes que só o recebem em determinados dias e horários.

Na situação de vendas complexa de hoje, a ausência de um plano de itinerário diário e semanal bem pensado é uma receita para o fracasso. É impossível operar com sucesso sem ele, por isso, pense em seu negócio e onde pode encontrar seus clientes, depois disso, monte seus mapas e venda mais.

Desenvolver rotas de vendas é uma forma efetiva e prática para aumentar as vendas e conquistar as metas. As rotas efetivamente seguidas a cada dia e dentro de cada seção planejada são importantes para maximizar suas principais horas de venda diárias. Por essa razão, faça os percursos mais longos de manhã logo cedo e no fim da tarde, se possível. Por exemplo, se a maioria dos clientes estiver numa linha reta a partir de sua casa ou da empresa, saia cedo e vá até o final do seu planejamento.

A cada dia, aumente o número de visitas. Alguns vendedores iniciantes podem se assustar com o volume de visitas que são fundamentais para o sucesso, mas acreditem, este é o caminho. O número ideal de visitas por dia é de 6. Você acha muito? Então não está preparado para ser um vendedor de sucesso. Não é necessário sair fazendo 6 visitas por dia de forma desordenada e sem sentido, é necessário um planejamento, comece com 2 e vá aumentando até chegar a 6 visitas por dia. Lembrem-se: o telefone é uma ferramenta importante para alcançar suas metas.

USE DO TELEFONE PARA COBERTURA DE UMA REGIÃO

O telefone pode ser um grande herói como poupador de tempo, ou um grande vilão como desperdiçador, vai depender de como será usado. Sabemos que uma visita presencial a um cliente tem um custo elevado, sem falar do tempo gasto no deslocamento. Desta forma, o telefone torna-se um grande aliado.

Com o custo das vendas de campo em elevação e nenhuma perspectiva de que isso venha a ser revertido, mais empresas estão desenvolvendo campanhas de marketing e vendas por telefone para complementar as atividades de vendas pessoais. Essas campanhas utilizam pessoas treinadas em comunicação por telefone e técnicas bem desenvolvidas de *telemarketing*.

Embora cada profissional de vendas irá definir a quantidade de visitas presenciais que irá fazer durante a semana, os mestres em vendas defendem e se beneficiam com algumas práticas:

- Tire dúvidas dos serviços e produtos por telefone;
- Tente fechar vendas menores por telefone;
- Realize prospecção, coleta de dados de *marketing* e marcação de visitas por telefone;
- Mantenha cuidadosamente seus contatos pessoais com clientes que compraram de você há bastante tempo. Uma ligação por mês para clientes distantes não vai fazer nenhum mal.

Agora vamos a um pequeno exercício, responda as questões!

1- Como você poderia usar a tecnologia para administrar melhor seus clientes e sua região? Explique como você usaria tecnologia como softwares de gerenciamento, e-mail e telefones para administrar uma região de vendas.

____

____

____

2- O que é uma região de vendas? Por que as empresas estabelecem regiões de vendas? Por que algumas empresas não podem criar regiões de vendas?

____

____

____

3- Quais são os fatores a considerar quando um profissional de vendas organiza seu tempo?

____

____

____

4- Defina *agendamento.*

____

____

____

5- Defina *itinerário.*

____

____

____

____

CAPÍTULO 5

PREPARAÇÃO PARA A VENDA

Diversos aspectos para obter sucesso em vendas devem ser considerados. Muitos vendedores ou gerentes acreditam que, para vender, basta realizar um treinamento "meia boca" e pronto! Depois é sair para o mercado. Mas este pensamento retrógrado e totalmente ineficiente faz com que bons vendedores se tornem péssimos vendedores e, consequentemente, desencadeia um entra e sai de funcionários das empresas. Como já vimos, vendas é uma arte e uma ciência que pode ser aprendida e aperfeiçoada. Como já falamos, não existe uma "receita de bolo" para alcançar sucesso em vendas, mas existem pontos importantes, tais como: conhecer o comportamento de compra, ter boa capacidade de comunicação (não ser um bom enrolador) e estar bem informado sobre elementos da área de vendas, como produtos, serviços, preços, distribuição, promoção e concorrência.

Por que as pessoas compram? É uma pergunta que vem despertando o interesse dos profissionais de vendas há anos. Esses profissionais sabem que alguns clientes compram seus produtos após a apresentação, mas eles se perguntam: que processo de pensamento levou à decisão de comprar ou não comprar? Compradores potenciais costumam assistir a várias apresentações de vendas.

De alguma forma, a pessoa interioriza ou examina tais informações e depois toma a decisão de compra. Em muitos casos é uma decisão própria do cliente, mas o bom profissional de vendas pode aplicar estímulos durante a apresentação de vendas e observar o comportamento do cliente potencial, porém não consegue perceber o próprio processo decisório desse cliente potencial.

Os bons profissionais de vendas procuram entender ao máximo os processos mentais que geram as respostas dos clientes potenciais. Algumas dicas:

- As pessoas compram por razões tanto práticas (racionais) como psicológicas (emocionais);
- Os profissionais de vendas podem usar métodos específicos que os ajude a determinar os pensamentos dos clientes potenciais durante as apresentações de vendas;
- Os compradores levam em consideração determinados fatores na tomada de suas decisões de compra.

INFLUÊNCIAS PSICOLÓGICAS SOBRE O ATO DE COMPRAR

Uma vez que a venda pessoal exige que se entenda o comportamento humano, o profissional de vendas deve ficar atento para motivações, percepções, nível de conhecimento, atitudes e personalidade do cliente. Além disso, deve saber de que modo cada tipo de comportamento pode influenciar a decisão de compra do cliente.

A motivação para comprar precisa estar presente

Seres humanos são motivados por necessidades e desejos. Tais necessidades e desejos formam-se interiormente, o que leva as pessoas a desejar comprar um produto, um carro novo ou uma nova impressora. As necessidades das pessoas resultam da falta de algo desejável. Desejos são necessidades percebidas pela pessoa. Por exemplo, as pessoas precisam de transporte, mas algumas querem um Volvo enquanto outras preferem um Gol.

Esse exemplo mostra que tanto razões práticas ou racionais (a necessidade de transporte) como razões emocionais ou psicológicas (o desejo do prestígio de possuir um Volvo) influenciam a decisão de compra. Diferentes pessoas têm diferentes razões para querer comprar. O profissional de vendas precisa identificar as necessidades do cliente potencial e depois relacionar os benefícios do produto às necessidades e aos desejos pessoais do cliente potencial.

Necessidades econômicas: o melhor por aquele dinheiro

Necessidades econômicas consistem na necessidade do comprador de adquirir o produto que melhor atenda suas necessidades pelo dinheiro que ele pode gastar. As necessidades econômicas incluem preço, qualidade (desempenho, confiança, durabilidade), conveniência da compra e serviço. Algumas pessoas consideram as implicações econômicas e também outras razões na hora de comprar.

Muitos profissionais de vendas presumem, erroneamente, que as pessoas baseiam suas decisões de compra principalmente no preço. Nem sempre isso está correto. O preço mais alto de um produto em relação aos concorrentes pode muitas vezes ser compensado por fatores como serviço, qualidade, melhor desempenho, amabilidade do vendedor ou conveniência da compra.

Qualquer que seja a necessidade de uma pessoa, é importante que o profissional de vendas a descubra. Uma vez determinada a necessidade, você fica mais bem preparado para fazer sua apresentação de vendas, de modo a acionar os benefícios do produto com aquela necessidade específica. Nem sempre é fácil fazer isso porque as pessoas podem não estar plenamente conscientes de suas necessidades.

Uma abordagem fabulosa para a satisfação das necessidades do comprador

Uma poderosa técnica de vendas usada por profissionais bem-sucedidos é a venda por benefícios, na qual o profissional de vendas relaciona os benefícios do produto com as necessidades do cliente, usando como base de apoio os atributos e as vantagens desse produto. Algumas empresas treinam seus vendedores apenas com base nos atributos e benefícios, pois enxergam que vantagem e benefício é a mesma coisa.

• Atributo de um produto é qualquer característica física do produto;
• Vantagem de um produto é a característica de desempenho do produto, a qual descreve de que forma ele pode ser usado ou como ajudará o comprador;
• Benefício de um produto é o resultado favorável que o comprador recebe do produto, graças à determinada vantagem que pode atender uma necessidade do comprador.

Os atributos do produto: o que é isso?

Todos os produtos têm atributos ou características físicas, como:

- Tamanho
- Cor
- Sabor
- Qualidade
- Entrega
- Condições
- Quantidade
- Preço
- Formato
- Ingredientes
- Embalagem
- Cheiro
- Serviço
- Usos
- Tecnologia

A descrição dos atributos de um produto responde a pergunta: "O que ele é?". Tipicamente quando a apresentação de vendas é baseada apenas nos atributos, eles têm pouco poder de persuasão, uma vez que os compradores estão interessados em benefícios específicos, e não nos atributos.

Ao discutir apenas os atributos de um produto, imagine que o cliente esteja pensando: "E daí que seu produto tem tal formato ou tal qualidade? O que eu quero saber é como ele funciona e que benefícios pode me trazer". É por isso que temos de discutir as vantagens do produto em relação às necessidades do comprador.

As vantagens do produto: "só acredito vendo!"

Depois que um atributo é apresentado ao cliente, o profissional de vendas normalmente começa a discutir as vantagens trazidas pelas características físicas daquele produto. É melhor essa abordagem do que a mera discussão dos atributos. Aumentam as probabilidades de se fechar uma venda quando o profissional de vendas descreve as vantagens (características de desempenho) de produtos:

- É o sabão em pó mais vendido do mercado;
- Nosso computador permite o armazenamento de maior volume de informações e a recuperação mais rápida dessas informações;
- Somos a maior empresa de telecomunicações da America Latina.

Como o cliente potencial pode saber que aquilo que você atribui ao produto é verdade? Imagine o cliente potencial pensando: "Só acredito, vendo!" Esteja preparado para comprovar suas afirmações.

Em geral, as empresas treinam seu pessoal de vendas para ressaltar as características físicas e de desempenho do produto. Um profissional de vendas pode ter excelente conhecimento do produto, mas não conseguir descrevê-lo em termos que possibilitem ao *prospect* visualizar os benefícios decorrentes de sua compra.

Isso ocorre porque muitos vendedores cometem o erro de apresentar os atributos e as vantagens do produto, deixando que o comprador imagine seus benefícios.

Embora aumentem suas probabilidades de vender, quando você discute os atributos como as vantagens do produto, é preciso aprender a enfatizar na sua apresentação os benefícios importantes para o *prospect*. Quando dominar essa técnica, suas vendas irão aumentar. Pensem nisso e mãos à obra.

Os benefícios do produto: "O que eu ganho com isso?"

As pessoas estão interessadas naquilo que o produto trará para elas. A ênfase nos benefícios estimula os motivos pessoais do cliente ao responder a pergunta "O que eu ganho com isso?".

Em sua apresentação, em vez de se concentrar nos atributos e vantagens do produto, procure enfatizar os benefícios que o *prospect* obterá com a compra.

Para exemplificar a ideia de compra de benefícios em vez de apenas atributos ou vantagens, considere quatro itens:

1- anel de brilhante;
2- máquina digital;
3- óleo de motor STP;
4- entradas de cinemas.

As pessoas compram esses produtos por seus atributos ou vantagens? Quem respondeu por seus atributos está completamente errado; e quem respondeu por suas vantagens também está completamente errado. As pessoas os compram por causa dos benefícios:

- Anel de brilhante - imagem de sucesso, investimento ou para agradar um ente querido.
- Máquina digital - lembrança de lugares, amigos e família.
- Óleo de motor STP - proteção do motor do seu veículo.
- Entradas de cinema - lazer, fuga da realidade ou para relaxar.

Como você pode ver, as pessoas estão comprando os benefícios, não os atributos ou vantagens do produto. Tais benefícios podem ser práticos, como investimento, e psicológicos, como a imagem de sucesso. O profissional de vendas precisa discutir os benefícios para responder a pergunta do *prospect*: "O que eu ganho com isso?".

A ORDEM PODE SER IMPORTANTE

Embora seja preferível falar primeiro sobre o benefício, nem sempre você precisará discuti-los de forma direta, veja alguns exemplos:

- Vendedor de aparelho condicionador de ar: "este condicionador de ar é altamente eficiente em termos de energia (atributo), gerando uma economia de 10% nos custos de energia, porque gasta menos eletricidade (vantagem)".

- Vendedor de artigos esportivos: "Com esta bola, você dará tacadas de 9 a 18 metros mais longas (vantagem), reduzindo o número necessário de tacadas (benefício), em virtude de seu novo núcleo sólido (atributo)".

Profissionais de vendas novatos, e até mesmo alguns experientes, não estão acostumados a usar frases abrangendo atributos, vantagens e benefícios. Para usar esses elementos regularmente em suas vendas, você precisa estar preparando e treinado, veja:

O/A .... (atributo) ..... significa que você.... (vantagem)...., sendo que o verdadeiro benefício para você é o/a (benefício).

Perceba como é importante introduzir a sequência vantagem, atributo e benefícios em suas frases de vendas, lembrando que não existe uma ordem certa para utilizar as vantagens, benefícios e atributos.

Por exemplo, "O novo núcleo sólido da bola de golfe X significa que você dará tacadas de 9 a 18 metros mais longas, mas o verdadeiro benefício para você é a redução do número necessário de tacadas". Pode-se substituir quaisquer atributos, vantagens e benefícios, para enfatizar os benefícios do produto ou serviço. Crie suas sequências "matadoras" e verá como suas vendas aumentarão.

Se ainda não entendeu, vamos lá: Por que se deve enfatizar os benefícios? Por dois motivos. Primeiro, porque eles atendem as necessidades ou resolvem um problema do cliente. É isso que os compradores desejam saber. Segundo, porque suas vendas aumentarão. A ênfase nos benefícios, em lugar dos atributos ou vantagens, fará com que sua apresentação tenha sucesso.

Como identificar necessidades importantes de compra. Um dos segredos do sucesso.

Na primeira reunião com um cliente, sua tarefa inicial é distinguir as necessidades de compra que são realmente importantes.

Identifique as necessidades importantes do comprador, e se concentre em enfatizar os benefícios do produto ou serviços que irão atender aquelas necessidades. Os benefícios que satisfazem as necessidades menos importantes dos compradores devem ser menos enfatizadas na apresentação de vendas. Suponha que seu produto tenha benefícios que envolvam serviço, entrega, economia de tempo e redução de custos. O comprador está interessado nos quatro benefícios? Talvez sim, talvez não. Se você determinar que a entrega não é importante, concentre-se em discutir o serviço, a economia de tempo, as reduções de custo e assim por diante.

Essa estratégia é importante para o seu sucesso em vendas. Uma das coisas que mais levam os profissionais de vendas de desempenho fraco a perder vendas é discutir benefícios de pouco ou nenhum interesse para o cliente potencial.

É crucial entender esse conceito de vendas e aprender a identificar as necessidades importantes do comprador. Veja uma pequena lista de necessidades psicológicas de compra normalmente encontradas.

- Medo
- Vaidade
- Falta de vontade própria
- Desejo de ganhar
- Segurança
- Amor pela família
- Prazer pessoal
- Desejo de sucesso
- Conforto ou luxo
- Preservação da própria vida
- Prevenção contra perdas
- Solução de problemas
- Diminuição de gastos
- Expansão da empresa
- Investimento

Você precisa identificar as necessidades de compra mais importantes para o cliente. Como fazer isso? Há vários métodos usados com frequência para descobrir necessidades importantes.

Ouça:

Os clientes potenciais podem deixar escapar observações como: "Queria ter uma televisão como essa". Saber ouvir os clientes e ler os sinais de compra é fundamental para o sucesso da venda.

Observe:

Observe os clientes potenciais, estude seu ambiente.

Profissionais de vendas conseguem descobrir muita coisa observando como as pessoas se vestem ou onde moram ou trabalham.

Combine:

O profissional de vendas competente consegue conversar com os outros, ouvir o cliente potencial, sondar com perguntas, fazer observações cuidadosas e criar empatia, tudo no esforço de descobrir as necessidades do cliente potencial.

Faça perguntas:

As perguntas costumam trazer à tona necessidades que o cliente potencial desconhece ou que não mencionaria. O profissional de vendas pergunta: "Um ventilador de teto que seja silencioso é importante para você?" "Sim, é", diz o comprador. "Se eu lhe oferecer o ventilador de teto mais silencioso do mercado, você teria interesse?"

Empatia:

Olhe a situação a partir da perspectiva do cliente. Seja educado, pontual e honesto com o cliente. Nunca faça com o cliente o que você não gostaria que fizesse com você.

Nem sempre é fácil descobrir as necessidades dos compradores, afinal as pessoas têm infinidades de necessidades e podem não entender ou não enxergar essas necessidades ou problemas inconscientes. Nessa situação, seu desafio é converter as necessidades aparentemente inconscientes do cliente em necessidades reconhecidas e entendidas. Uma das melhores formas de descobrir necessidades é fazer perguntas em determinados momentos da apresentação de vendas. Fiquem atentos.

DICAS DE VENDAS

No caminho do fechamento:

O fechamento é uma parte importante da apresentação de vendas, mas antes de chegar no finalmente, faça algumas perguntas que ajudarão fechar a venda de forma definitiva. Para isso, o vendedor solicita a opinião do *prospect* em relação àquilo que você acabou de falar. Não peça para o cliente comprar, construa a venda, por exemplo, faça algumas perguntas durante a reunião:

- O que lhe parece?
- O que você acha?
- São esses os atributos que você está procurando?
- Isso é ótimo, não é mesmo?
- Esse aspecto é importante para você?
- Isso esclarece suas dúvidas?
- Tenho a impressão de que lhe agradam estes atributos de economia financeira. Estou certo?
- Parece que a sua preferência é por este modelo. É isso que você tinha em mente?

Para ajudar no caminho do fechamento, lembre-se de inserir algumas sequencia de ações tais como:

- Mostrar o atributo;
- Explicar a vantagem;
- Direcionar para o benefício;
- Deixar o cliente falar.

Informações importantes:

Compreenda que nem todos os *prospects* comprarão seus produtos, pelo menos não o tempo todo, por conta de uma série de fatores que influenciam as decisões de compra. Você precisa descobrir as necessidades dos compradores, resolver os problemas deles e fornecer informações e conhecimento que lhes possibilitam formar opiniões pessoais sobre o produto. Tais opiniões, ou atitudes, resultam em crenças positivas de que seus produtos atendem às necessidades deles.

Costuma ser difícil descobrir as necessidades dos *prospects*, uma vez que eles podem relutar em lhe revelar suas verdadeiras necessidades ou podem não saber realmente o que e por que querem comprar. De modo geral, você pode confiar no fato de que as pessoas compram por diversas razões, tais como atender uma necessidade, satisfazer um desejo e obter determinada compensação. Para identificar essas necessidades de compra, você pode fazer perguntas, observar os *prospects*, escutar o que eles têm a dizer.

Para pensar e executar:

De acordo com as informações, desenvolva o que se pede.

1- Informe o que você vende.

____

2- Faça uma breve descrição da pessoa e /ou empresa para qual você venderá.

____

____

____

3- Enumere três atributos do seu produto, incluindo a principal vantagem e o principal benefício de cada atributo.

	Atributo	Vantagem	Benefício
A			
B			
C			

Crie e memorize suas frases "matadoras", tudo isso faz parte da vida dos excelentes vendedores.

Capítulo 6

Prospecção: a alma das vendas

O processo de vendas possui algumas etapas bem definidas, pois este processo refere-se a uma série de ações sequênciais por parte do profissional de vendas que levam o cliente a realizar uma ação desejada e terminam com um acompanhamento para assegurar a satisfação com a compra. Embora muitos fatores possam influenciar a forma como esse profissional faz uma apresentação numa determinada situação, existe uma série sequencial lógica de ações que, se seguidas, podem aumentar muito as probabilidades de fechar a venda. Esse processo de venda compõe-se das seguintes etapas básicas.

1- Prospecção
2- Pré-abordagem
3- Abordagem
4- Apresentação

5- Fechamento tentativo
6- Identificação de objeções
7- Resolução das objeções
8- Fechamento tentativo
9- Fechamento
10- Acompanhamento

Etapas anteriores à apresentação de vendas

Um vendedor bem-sucedido precisa trabalhar na prospecção, o que envolve conseguir marcar um contato pessoal com o cliente potencial, quando consegue este contato, precisa planejar a visita de vendas. Como um advogado de sucesso, que faz um grande trabalho de preparação antes de enfrentar o juiz, o vendedor de sucesso faz uma grande preparação para enfrentar o cliente potencial.

A preparação para as vendas exige que um profissional de vendas estude muito bem os produtos, entender o máximo possível o negócio do cliente e treinar a apresentação. Leve isso a sério. Ensaie suas apresentações e venderá mais.

Aprenda isso: "Nada acontece até que alguém venda alguma coisa". Porém, mesmo a venda exige uma etapa anterior, nada acontece até que alguém tenha feito um trabalho de prospecção.

Prospecção – A força das vendas

Podemos considerar a prospecção como a primeira etapa do processo de vendas. Um cliente considerado *prospect* é um indivíduo (ou uma organização) selecionado, que tem um potencial para comprar seu produto ou serviço.

A prospecção alavanca e acelera as vendas, porque identifica os clientes potenciais e, ao avançar nas negociações, trará resultados efetivos para o vendedor.

Este é um dos motivos básicos para se construir um funil de vendas através de muitas visitas, é um dos principais diferenciais de um vendedor de sucesso para um vendedor mediano. Por razões óbvias, um profissional de vendas deve procurar constantemente novos clientes potenciais, para assim garantir:

1- aumento das vendas;
2- para substituir clientes que serão perdidos ao longo do tempo.

Isso acontece somente com muitos *prospects*, desta forma, prospectar é essencial. Mantenha seu funil de vendas sempre atualizado e com constante entradas dos *prospects*. Um cliente potencial não deve ser confundido com um cliente em perspectiva (*lead*). O nome de uma pessoa ou organização que pode ser um cliente potencial é considerado um *lead*.

Um *lead* também pode ser identificação como um suposto cliente, indicando que existe uma suposição de que a pessoa ou organização possa vir a ser cliente potencial. Uma vez que o *lead* tenha sido qualificado, ele se torna cliente potencial. Os bons vendedores podem fazer as seguintes perguntas para determinar se um indivíduo ou empresa é um cliente potencial qualificado.

1- O cliente potencial possui condições financeiras para comprar seu produto ou serviço?
2- A pessoa que você conversou e apresentou sua proposta de vendas tem autoridade para comprar?

3- O cliente potencial tem o desejo ou necessidade de comprar?

Em busca dos clientes potenciais

Encontrar clientes potenciais é um desafio diário, sendo assim, mãos à obra, pois encontrar clientes é um trabalho difícil, porém, vital para as vendas. Não existe mágica, posso garantir que ficar sentado em casa ou no escritório vendo o tempo passar não trará clientes.

Os profissionais de vendas precisam: desenvolver suas listas de clientes, também chamada de *mailing*, realizar prospecções de porta a porta, adquirir lista de clientes (às vezes é necessário comprar estas listas, mas tenham cuidado, muitas empresas que vendem listas de clientes, vendem a mesma lista para várias pessoas, isso não ajudará muito) e realizar muitas ligações para agendar visitas.

Muitos profissionais perguntam como devem desenvolver suas listas de clientes. Veja alguns exemplos, lembrando que cada tipo de negócio exige formas diferentes de prospecção:

a- Visite prédios comerciais e anotando o nome e telefone das empresas;
b- Participe de eventos;
c- Utilize a internet (redes sociais);
d- Ande pelas ruas comerciais, realizando um mapeamento geográfico;
e- Peça indicações e muito mais.

Planejando a prospecção

Prospectar não é uma tarefa fácil, mas posso garantir, os vendedores que ultrapassam essa barreira são aqueles mais bem-sucedidos. É normal profissionais de vendas, especialmente os novatos, terem dificuldade com a prospecção. Encontrar estranhos e pedir-lhes para comprar algo pode ser desagradável para algumas pessoas, mas faz parte da vida do vendedor.

Para ser bem-sucedida, a prospecção precisa ter uma estratégia. A prospecção, como outras atividades, é uma habilidade que pode ser constantemente aperfeiçoada pelo profissional de vendas dedicado. Alguns deles estabelecem como meta para si mesmos prospectar X clientes potenciais por semana. Este número pode variar, mas precisa ser bem agressivo. Considere prospectar no mínimo 100 clientes por semana, ou seja, 20 por dia. E não se esqueça de realizar no mínimo 6 visitas por dia.

Para ajudar o vendedor, muitas empresas liberam parte do dia de trabalho para encontrar e contatar vários novos clientes potenciais, lembrem-se de usar a tecnologia para auxiliá-los. Um profissional de vendas de sucesso avalia constantemente seus métodos de prospecção, comparando os resultados e registros obtidos com o modo de prospecção usado, assim pode aperfeiçoar sua estratégia em busca de novos clientes.

Métodos de prospecção

Repito, não existe uma "receita de bolo" em vendas, por isso varia muito a forma que um vendedor cria sua estratégia de prospecção. Abaixo alguns métodos que podem ser aperfeiçoados.

- Prospecção eletrônica;
- Prospecção por volume;
- Cadeia sem fim – indicação de clientes;
- Clientes soltos;
- Clubes de *leads* de vendas;
- Listas de clientes potenciais;
- Publicações;
- Feiras e exposições;
- Mala direta;
- Telefone e *telemarketing*;
- Trabalho em rede.

Prospecção eletrônica

Simplesmente a utilização da internet. "Navegar é preciso", use seu tempo para encontrar informação sobre indivíduos e empresas por meio da *web*. Atualmente existem informações importantes que podem nos ajudar na prospecção de clientes potenciais.

Prospecção por volume

Este método baseia-se em volume. Por exemplo, se a experiência passada revela que 1 pessoa em cada 10 comprará o produto, então, 50 contatos de vendas devem resultar em 5 vendas.

Normalmente, não há nenhum conhecimento sobre o indivíduo ou empresa contatada. Essa forma de prospecção apoia-se unicamente no volume de contatos feitos. A princípio, pode parecer que o vendedor está "atirando para todos os lados", mas não, este é um trabalho de prospecção.

Cadeia sem fim – indicação de clientes

A prospecção por volume é um grande desafio. Procurar e contatar estranhos, dia após dia, é de fato desafiador, mesmo para o mais motivado dos vendedores. No entanto, muitos profissionais novos precisam começar a carreira em vendas fazendo esse tipo de contato para conseguir clientes, formar uma carteira e iniciar seu funil de vendas. Mas depois de ter conseguido vender alguma coisa, a mágica acontece, o vendedor tem duas possibilidades para vendas futuras.

Primeiro, os clientes satisfeitos podem voltar a comprar do vendedor. É por isso que enfatizo a importância de construir um relacionamento com o cliente. Tornando-se um fato fundamental para o seu sucesso. Segundo, o cliente muitas vezes indica o vendedor para pessoas conhecidas, o que é chamado de método da cadeia de clientes de indicações na prospecção.

Trata-se de um método muito eficiente de encontrar clientes. Clientes indicados por clientes, além de ajudar na construção dos seus *prospects*, poupam trabalho, isto dinamiza o tempo. Uma referência é uma pessoa ou organização recomendada a você por alguém que acha que tal pessoa ou organização pode beneficiar-se com você ou com o seu produto.

Acreditem, isso é mais que meio caminho andando para uma nova venda. Portanto, atenção total ao atender qualquer cliente, afinal, de uma simples visita, você pode vender para outro cliente.

Lembre-se, quando estiver na frente de um cliente potencial, você estará na frente de vários clientes potenciais.

Nunca pergunte a um cliente atual: "Você conhece mais alguém que poderia usar meu produto?". Raramente os clientes se mostram dispostos a julgar se colegas estão preparados para fazer uma compra. Em vez disso, pergunte se o cliente conhece algum outro indivíduo ou organização que talvez tivesse interesse em conhecer seu produto.

Se perceber que os clientes hesitam em dar indicações, não insista, provavelmente eles podem ter receio de que seus conhecidos não queiram ser incomodados, mas tente de forma profissional, como: "Vou lhe explicar o que farei com cada nome que o senhor me fornecer. Darei um único telefonema para cada um, mencionarei que o senhor teve a gentileza de me fornecer o nome dele e farei uma descrição rápida dos nossos serviços, assim posso ajudá-los, caso tenham alguma necessidade de compra do meu produto. Se eles expressarem algum interesse, marcarei uma visita para lhes prestar o mesmo serviço profissional que ofereci ao senhor. Mas, se não demonstrarem nenhum interesse, agradecerei pela atenção e não voltarei a procurá-los." Com essa abordagem, talvez seus clientes possam ficar mais à vontade para indicar seus amigos.

Não se esqueça de que seus clientes em potencial podem ser: amigos, vizinhos, parentes, qualquer pessoa que você conheça ou com quem venha a ter contato. Eles podem conhecer pessoas que estejam procurando por seu produto e pelo bom serviço que você oferece a seus clientes. Todo mundo é um cliente potencial. Não tenha medo ou vergonha de falar do seu trabalho.

Clientes soltos

Algumas vezes, profissionais de vendas trocam de emprego em busca de uma oportunidade melhor, o grande problema disso, na maioria das vezes, é que a empresa deixa os clientes deste vendedor que foi embora sem atendimento, ou seja, "soltos", sem que ninguém os procure e explique a mudança de vendedor. Um novo vendedor ou seu gerente deve contatar rapidamente tais clientes para começar a desenvolver um novo relacionamento. É possível transformar clientes soltos numa mina de ouro para a geração de *leads.*

Além disso, se você estiver em vendas algum tempo, certamente já dispõe de uma lista de contas inativas. Elimine os nomes, daqueles que, por alguma razão, nunca irão comprar. Os demais são sólidos clientes potenciais. Volte a contatá-los e descubra por que não estão mais comprando da sua empresa. O que teria de fazer para mudar isso? Talvez eles tenham parado definitivamente de comprar esse tipo de produto, ou podem ter passado para um concorrente por conta de alguma oferta especial, ou pior, por falta de atendimento. É preciso determinar por que o cliente parou de comprar de você. Depois de fazer isso, o procedimento padrão de vendas consiste em restabelecer o contato e transformar esse cliente potencial num cliente normal, novamente.

Clubes de leads de vendas

Organize um grupo de profissionais de vendas de áreas relacionadas, mas não concorrentes, para se encontrar duas vezes por mês e trocar indicações de *leads* e dicas de prospecção. Vendedores de sucesso atraem vendedores de sucesso.

Para ficar o mais organizado possível, estabeleça diretrizes quanto ao que constitui um bom lead e rastreie informações e efetividade dos clientes potenciais. Agrupe os leads por efetividade, para que os membros do clube possam compreender melhor quais *leads* ajudariam o restante.

Pode-se até mesmo combinar que cada membro que feche negócio com um lead contribua com uma pequena quantia para o grupo (pagando um almoço). Crie prêmios simbólicos: a cada mês, o vencedor seria o membro que tivesse apresentado mais leads efetivos.

Listas de clientes potenciais

Faça uma lista de como seriam seus clientes potenciais ideais. Faça a si mesmo as seguintes perguntas:

- Quem são meus clientes potenciais ideais?
- Em que classe econômica eles geralmente se encaixam?
- A que tipos de organizações eles pertencem?
- Que características a maior parte de meus clientes atuais tem em comum?
- Eles são casados, solteiros, viúvos ou divorciados?
- Eles têm filhos?
- Que tipo de publicação seus clientes potenciais ideais provavelmente leem?

E a pergunta principal:

- Onde seria mais provável encontrar a maior aglomeração de pessoas que se encaixam no meu perfil de clientes potenciais?

Torne-se um especialista – Publique um artigo

No Brasil, não temos esta prática, mas é uma forma formidável de se tornar referência e atrair novos clientes. Muitas vezes você fará isso de forma gratuita, mas os benefícios residuais farão com que seus gastos em esforço e tempo valham a pena.

Faça da seguinte forma: escreva um artigo da sua área e envie para revistas comerciais, jornais, blogs e até mesmo para seus colegas. Seus textos não precisam ter uma apresentação sofisticada; basta possuir informações que as pessoas possam realmente utilizar. Faça um trabalho bem feito.

Depois de finalizado, certifique-se de que não haja erros de ortografia ou gramática. Para garantir isso, peça a algum professor ou jornalista para ler antes de enviá-los. Solicite que a publicação inclua seu endereço e telefone no final do artigo, além de um pequeno histórico profissional.

Ao convencer um editor de que é especialista, será a você que recorrerão quando estiverem prontos para comprar. Além disso, os clientes potenciais que o procurarem em busca de conselhos podem vir a confiar em você e em seu produto. Assim, você atrai clientes potenciais sem ter de sair fazendo novas prospecções.

Feiras e exposições

Feiras e exposições geralmente constituem eventos de interesses especiais. Muitas vezes, empresas relacionadas patrocinam um estande nessas feiras, colocando nele um ou mais profissionais de vendas.

Quando as pessoas passam pelo estande para examinar os produtos, o vendedor tem apenas alguns minutos para qualificar leads e obter nomes e endereços, a fim de contatá-los mais tarde em casa ou no escritório para fazer demonstrações.

Embora o contato do vendedor com o comprador costuma ser breve, esse tipo de evento dá ao vendedor amplos contatos com um grande número de compradores potenciais num curto período de tempo. Lembre-se, porém, de que o sucesso em feiras comerciais resulta de preparo.

Mala direta

Em casos em que há um número muito grande de clientes potenciais para um produto, a prospecção por mala direta, às vezes, é um meio eficiente de contatar indivíduos e empresas.

Anúncios por mala direta têm a vantagem de contatar um grande número de pessoas, que podem estar espalhadas por uma área geográfica muito ampla, a um custo relativamente baixo se comparado ao trabalho de vendedores. As pessoas que, depois, solicitarem mais informações da empresa serão contatadas por um profissional de vendas.

TELEFONE E TELEMARKETING

Como no caso de mala direta, o uso de prospecção por telefone para contatar um grande número de clientes potenciais, numa vasta área, é bem menos dispendioso do que o uso de uma equipe de vendas em campo, embora geralmente seja mais caro do que a mala direta.

Esse contato pessoa a pessoa propiciado pelo telefone permite uma interação entre o lead e o vendedor, e, então, o lead pode ser rapidamente qualificado ou rejeitado.

TRABALHO EM REDE

Para muitos profissionais, a prospecção nunca termina. Eles estão sempre à procura de clientes. Cada pessoa que encontram pode ser um cliente potencial, ou talvez possa fornecer um nome que venha a levar a uma venda. O nome dado a esse processo de fazer e usar contatos é trabalho em rede.

Das muitas maneiras de encontrar novos clientes potenciais, o trabalho em rede pode ser o mais confiável e o mais eficaz. As pessoas querem fazer negócios com alguém que conheçam, gostem, confiam e sentem-se seguras para apresentar referências nesse contexto. Os dias do profissional de uma venda só, já terminaram; atualmente, o que importa é a construção de relacionamentos.

A construção de uma rede é importante, mas o cultivo dessa rede traz vendas. O segredo é o posicionamento, não a exposição. A meta para se cultivar uma rede é formar um nicho sólido na mente de cada um de seus contatos, de forma que quando um desses contatos, ou alguém que ele conheça, precisar de seu tipo de produto ou serviço, você seja o único recurso possível que lhe venha à mente.

Veja algumas dicas para cultivar sua rede de referências:

1- Concentre-se em encontrar pessoas que funcionem como centro de influência. Essas pessoas já estabeleceram uma boa reputação e têm muitos contatos valiosos. Alguns locais para conhecer tais pessoas em seu setor são reuniões de associações comerciais, feiras ou qualquer evento social relacionado a negócios;

2- Na sua primeira conversa com um cliente potencial, num esquema de rede, 99% devem ser sobre a empresa dele. As pessoas querem falar sobre o negócio delas, e não sobre o seu;

3- Faça perguntas abertas e simpáticas, como: "Do que você mais gosta no seu setor?";

4- Não se esqueça de perguntar: "Como eu poderia saber se alguém com quem eu esteja conversando seria um bom cliente potencial para você?". Se você estiver atento para encontrar novos negócios para essa pessoa, ela se sentirá mais inclinada a fazer o mesmo por você;

5- Pegue o cartão de visitas do cliente potencial. Essa é a maneira mais fácil de acompanhar seu novo contato. E não se esqueça de adicioná-lo em sua rede social profissional (Linkedin, por exemplo);

6- Envie uma nota de agradecimento por e-mail, no mesmo dia: "Foi um prazer conhecê-lo esta manhã. Se eu tiver a oportunidade de recomendá-lo a alguém, certamente farei isso";

7- Quando você ler jornais e revistas, tenha em mente as pessoas de sua rede. Se encontrar um artigo que possa ser útil ou interessante para algum de seus contatos, mande para eles;

8- Permaneça na lembrança de seus contatos enviando-lhes alguma coisa todos os meses, mas envie coisas interessantes;

9- Envie leads. A melhor maneira de conseguir negócios e referências é arrumar negócios e referências para os outros;

10- Mande uma nota de agradecimentos sempre que receber um lead, quer ele resulte ou não numa venda.

Ao conhecer alguém, conte o que você vende. Pergunte o que a pessoa faz. Troque cartões ou faça conexão no Linkedin e contate periodicamente a pessoa. Assim, você construirá uma rede de pessoas que conversam entre si, trocam ideias e informações.

DIRETRIZES PARA A PROSPECÇÃO

A exemplo de muitos outros componentes do processo de vendas, os métodos de prospecção devem ser escolhidos à luz dos principais fatores que definem determinada situação de venda. Como na maioria das outras situações opcionais discutidas no texto, não há um modo único e ideal de prospecção que se adapte a todas as situações. No entanto, é possível fazer generalizações quanto aos critérios usados para escolher um método de prospecção ideal para uma situação de venda específica. Estes são dois critérios que devem ser utilizados para desenvolver o melhor método de prospecção:

1- Personalize ou escolha um método de prospecção que se adapte às necessidades específicas de sua empresa. Não copie o método de outra empresa; porém, não há inconveniente em adaptar algum outro método.

2- Sempre ligue novamente para clientes potenciais que não compraram. Uma empresa pode não ter comprando seus produtos atuais porque eles não se encaixavam em suas necessidades daquele momento; porém, um novo produto a ser lançado pode ser exatamente aquilo que ela precisa.

Esteja sempre em contato com seus clientes atuais e potenciais para ajudá-los a solucionar problemas por meio da compra de seu produto. Apenas assim você pode maximizar suas vendas e receitas de longo prazo.

Grupo de clientes potenciais

As indicações podem vir de clientes potenciais e de clientes atuais. O grupo de clientes potenciais é um conjunto de nomes coletados de várias fontes, a exemplo de uma lista de mala direta, de um catálogo telefônico, de indicações de clientes (soltos ou clientes existentes).

1- Leads – pessoas e organizações sobre as quais você não sabe nada, ou sabe muito pouco.
2- Indicações – você frequentemente sabe sobre essas pessoas ou organizações, apenas o que lhe foi informado por quem deu a indicação.

3- Soltos – os registros da empresa são sua única informação sobre esses clientes anteriores.
4- Seus clientes – os clientes potenciais mais importantes para vendas futuras.

Como já falamos, a maioria dos profissionais de vendas que precisa obter clientes por meio de prospecção não gosta desta atividade por volume. Seu objetivo é que seu grupo de clientes potenciais seja constituído de clientes atuais, indicações e, quando disponíveis, clientes soltos. O segredo para alcançar essa meta é o ciclo de indicações.

O CICLO DE INDICAÇÕES

A obtenção de indicações é um processo continuo, sem começo nem fim. O profissional de vendas está sempre procurando a oportunidade certa para encontrar uma indicação. O ciclo de indicações oferece orientações para um vendedor pedir indicações em situações comumente enfrentadas por ele.

Se você tiver uma apresentação de vendas às 10 horas da manhã, pode começar o ciclo de indicações na fase de apresentação. Se estiver entregando um produto ao cliente, pode começar o ciclo na fase de entrega do produto. Se estiver planejando fazer telefonemas para leads, pessoas indicadas, ou clientes atuais nesta tarde, pode começar pela fase de pré-abordagem.

Verifique onde você se encontra no ciclo de indicações e pode começar a partir desse ponto. Aperfeiçoe suas técnicas a fim de poder trabalhar em todas as fases do ciclo simultaneamente. Qualquer contato com o cliente potencial deve apresentar você e seu produto de forma a superar possíveis objeções que você possa vir a enfrentar posteriormente, ao pedir indicações e, é claro, quando for fazer a venda. Mas, um ponto de vital importância, faça esta prospecção de forma natural, nada de exageros ou paranoias.

O SEGREDO É PEDIR INDICAÇÕES CORRETAMENTE

Por mais que pareça uma tarefa corriqueira, muitos profissionais de vendas não pedem indicações, uma situação que não dá para entender, afinal, é uma das formas de prospecção mais confiáveis e com grandes possibilidades de negócios. Para um vendedor não solicitar indicações, posso pensar nas seguintes possibilidades: medo, vergonha, esquecimento ou por não confiar em seu trabalho. Mas, uma das piores coisas para o vendedor quando pede uma indicação é fazer de forma incorreta, isso acaba com sua credibilidade, por isso, se não sabe pedir uma indicação, aprenda antes de pedir.

Conseguir indicações, mesmo com seus clientes atuais, nem sempre é uma tarefa fácil. É preciso correr atrás para conseguir boas indicações. Veja alguns exemplos de motivos pelos quais os clientes podem não querer dar indicações:

- Têm receio de incomodar amigos e parentes;
- Não querem que seus amigos pensem que estiveram falando deles;
- Acreditam no produto, mas não no vendedor;
- Receiam que o vendedor possa não se manter presente por muito tempo;

• Não acham que irão se beneficiar com o oferecimento de indicações ao vendedor.

Estejam preparados para identificar estas objeções dos clientes. Fazendo isso, você obterá mais indicações, conseguirá mais contatos e fará mais vendas.

Quando pedir indicações?

Pedir indicações adequadamente pode melhorar muito as vendas de um vendedor, todos sabem disso, mas ao mesmo tempo que parece simples, não é. É importante pedir indicações de maneira profissional.

A pré-abordagem

É preciso tomar um grande cuidado durante a fase de contato de pré-abordagem do ciclo de indicações. Quer o contato inicial seja face a face ou por telefone, a eficácia de sua abordagem será o fator decisivo para determinar se você terá ou não a oportunidade de fazer uma apresentação de vendas.

Muitos clientes potenciais desligam o telefone assim que desconfiarem que você está tentando lhes vender alguma coisa. Se, nos primeiros segundos, você não conseguir superar a sensação inicial de desconforto ou intromissão, sua probabilidade de desenvolver um relacionamento é mínima.

Mencionar que sua ligação partiu de uma recomendação feita por uma empresa ou uma pessoa das relações profissionais do cliente alivia parte da ansiedade inicial ao superar objeções rápidas. Essa é uma das razões pelas quais trabalhar com indicações é tão eficiente. Certamente, as pessoas estão dispostas a escutar um pouco mais se souberem que alguém de sua confiança proporcionou aquele contato.

A apresentação

Durante a apresentação de vendas, você tem a maior oportunidade de influenciar seu cliente potencial. É importante compreender que ele irá analisar tudo o que você disser e fizer, seja por palavras, expressões ou linguagem corporal. Durante essa apresentação, você também deve criar a possibilidade de apresentar seu desejo de obter indicações.

A fase de apresentação do ciclo de indicações de fato começa quando você senta com clientes potenciais com o propósito de fazer uma apresentação de vendas. Da forma mais natural possível, você deve escolher o melhor momento para mencionar a pessoa que fez a indicação.

Esse contato inicial planta a semente para o início da venda paralela de indicações. Durante os 10 ou 15 minutos que seguem, não deve haver nenhuma discussão sobre o produto ou serviço que está sendo oferecido. Esse tempo é melhor utilizado criando uma relação de simpatia e tentando romper qualquer barreira existente entre o cliente potencial e você.

Para acelerar esse processo, você deve mencionar a pessoa que fez a indicação o mais frequentemente possível. É fácil saber quando as barreiras começam a cair. A resistência desaparece quando você começa a se sentir à vontade com seu cliente potencial. Se não se sentir à vontade com eles, certamente eles não se sentirão à vontade com você.

Tendo estabelecido essa relação inicial, você deve dedicar alguns minutos para explicar ao cliente potencial o que vai ocorrer durante a apresentação. Essa abordagem deve ser utilizada independentemente do produto ou serviço que você estiver vendendo. Então, quando julgar apropriado, mencione as indicações sem forçar a barra.

Entrega do produto

Praticamente todas as profissões de vendas têm algum tipo de fase de entrega de produtos. A fase de entrega é mais óbvia com alguns produtos do que com outros. O bom vendedor precisa acompanhar as entregas, informar ao cliente o andamento do seu pedido. Isso gera relacionamento e confiança.

Serviço e acompanhamento

A fase de serviço e acompanhamento do ciclo de indicações lhe oferece oportunidades contínuas de manter contato com os clientes. E sempre que você tem contato com a clientela existe a possibilidade de obter mais indicações. A qualidade e a quantidade do serviço ajudarão a melhorar a qualidade e quantidade das indicações que você recebe. Um serviço de alta qualidade ajuda a criar uma imagem muito profissional e atenta que os clientes não têm receio de compartilhar com seus amigos, familiares e colegas; um serviço de alta qualidade ajuda a manter você e seu produto sempre presentes na mente dos clientes.

Infelizmente, para muitos profissionais de vendas, a fase de entrega do produto representa o fim do relacionamento com os clientes. Há três motivos pelos quais isso ocorre. Primeiro, a natureza do negócio pode não exigir nenhum serviço adicional. Segundo, embora possa haver uma necessidade de serviços continuados, os vendedores vivem tão preocupados com prospecção ou vendas que não podem dedicar o tempo adequado à prestação dos serviços apropriados. Terceiro, os vendedores talvez não percebam que proporcionar serviços de qualidade a seus clientes pode beneficiá-los na expansão da qualidade e quantidade de seus negócios. Ou seja, falta de necessidade, falta de tempo ou falta de benefícios.

Veja o exemplo: "Bom dia, fulano. Aqui é seu vendedor. Como prometi quando fechamos negócio, este é meu telefonema 'oficial' anual para que você saiba que continuo à disposição. Você tem alguma dúvida? Há algo que eu possa fazer por você?... Também quero confirmar se você e beltrano receberam os cartões de aniversário e os boletins trimestrais. O que estão achando dos meus boletins?... Ótimo. Bom, era isso. Não esqueça, você tem meu telefone, caso precise de alguma ajuda. E lembre-se de mim quando conversar com seus amigos e colegas.

Como você sabe, fulano, dependo de clientes de qualidade como você e beltrano para me manter no negócio. Uma das razões pelas quais trabalho com tanto afinco para ajudar meus clientes é por causa das indicações que vocês me oferecem. Suas indicações são muito valiosas. (Pausa) Fulano, há alguém que você ou beltrano acreditem que eu possa ajudar? (Pausa) Muito obrigado. Espero poder vê-lo logo. Tchau".

Não trate mal suas indicações

Um comentário final sobre indicações, não as trate mal! O vendedor que trata mal uma indicação pode perder tanto o cliente que o indicou como o cliente potencial. Trate a indicação de uma forma profissional. Sempre cumpra o que tiver dito a uma pessoa indicada.

Depois de ter feito uma venda à pessoa indicada e recebido mais indicações, peça ao novo cliente para contar ao cliente que fez a indicação sobre sua experiência com o vendedor. Agora, você tem dois clientes para recomendá-lo. Isso pode criar uma cadeia sem fim de indicações, ajudando a compor rapidamente seu grupo de clientes potenciais apenas com clientes existentes e indicações.

MANTER-SE INFORMADO SOBRE AS PESSOAS INDICADAS

Manter-se informado sobre as pessoas indicadas é tão importante quanto ficar em contato com os clientes atuais. Quer você use anotações em um caderno ou no computador, é importante manter registros detalhados de todas as informações que você coletar sobre seus clientes, atuais ou *prospects.*

EVITAR FALAR COM OS CLIENTES PODE CUSTAR CARO

Do que adianta saber como fazer prospecção se você não a fizer? Todos os profissionais de vendas parecem se mostrar relutantes ao contato de tempos em tempos. Estima-se que 40% de todos os vendedores sofram um ataque de relutância ao contato em algum momento, isso pode ameaçar sua carreira. Nas formas mais brandas, a relutância ao contato impede inúmeros profissionais de alcançar sua meta, fracassando por causa de uma prospecção fraca.

A relutância ao contato ocorre quando o profissional de vendas não quer contatar um cliente potencial ou um cliente atual. Esse erro ardiloso assume uma dúzia de faces e se disfarça sob a capa de uma tendência natural do vendedor.

Veja se você está no grupo dos que fazem parte da relutância ao contato. De acordo com os pesquisadores George Dudley e Shannon Goodson, existem 12 tipos clássicos. Preste atenção se você encaixa em algum deles.

1- Dócil

Tem receio de se intrometer na vida dos outros ou de ser insistente

2- Superpreparador

Analisa demais, age de menos.

3- Emocionalmente não emancipado

Teme a perda da aprovação familiar, resiste a misturar negócios e família.

4- Separacionista

Teme a perda de amigos, resiste a fazer prospecção entre amigos pessoais.

5- Hiperprofissional

Obcecado com a imagem, teme ser humilhado.

6- Que rejeita o papel

Envergonhado de trabalhar em vendas.

7- Socialmente tímido

Intimidado por clientes de alto poder aquisitivo.

8- Derrotista

Preocupa-se, não corre riscos.

9- Telefóbico

Teme usar o telefone para prospecção ou vendas.

10- Medo do palco

Teme apresentações para grupos.

11- Que tem aversão a indicações

Receia perturbar relacionamentos existentes com clientes ou empresas.

12- Reflexo de opositor

Rejeita tentativas de ser orientado.

COMO DOMINAR O MEDO

Em primeiro lugar, é preciso admitir que você tem relutância ao contato. Esse reconhecimento é um passo importante no sentido da recuperação, mas não é fácil. A negação costuma ser a companheira mais frequente da relutância ao contato, e o problema, às vezes, fica difícil de identificar. Os vendedores "geralmente sabem que há algo errado, mas podem não saber o que é", diz o estudioso do comportamento e especialista em relutância ao contato George Dudley. "Muitos que percebem estar sofrendo de relutância ao contato não se sentem seguros em admitir isso à gerência, porque muitas empresas de vendas ainda tendem a atribuir uma ênfase ritualística e irreal à manutenção de uma atitude positiva", explica Duddley.

Segundo, determine seu tipo de relutância ao contato e adote as contramedidas apropriadas. As inúmeras prescrições muitas vezes envolvem a identificação clara e precisa de seus receios ou pensamentos negativos. Só, então, será possível atacá-los de frente, um de cada vez. Num certo sentido, vencer a relutância ao contato é como acabar com um mau hábito. Alguns profissionais de vendas dão-se bem com sistemas de recompensas simbólicas; outros usam técnicas de relaxamento. Em uma contramedida conhecida como zapping mental, você põe um elástico no pulso. Quando um pensamento negativo vem à cabeça, você puxa o elástico e dá uma pequena "estilingada" e, imediatamente, cria uma imagem mental positiva de si mesmo, lembrando, por exemplo, de uma ocasião em que se saiu bem numa situação semelhante.

Terceiro, mantenha acompanhamentos, continue trabalhando com afinco, faça contatos. Dominar a relutância ao contato é trabalhoso e, para muitos profissionais, exige esforço contínuo. "Não confunda uma mudança e suas perspectivas com uma mudança no número de contatos que você inicia com compradores potenciais", alerta Dudley. Se você é relutante ao contato, encontre ânimo no reconhecimento de que seu problema pode ser, na verdade, um sinal de comprometimento com as vendas. "Os profissionais de vendas que não estão motivados ou centrados nunca podem ser considerados relutantes ao contato", diz Dudley. Vendedores com verdadeira relutância ao contato preocupam-se muito em alcançar metas de prospecção. "Simplesmente não é possível ficar relutante para obter algo que de fato não se quer."

Há muitas formas de combater a relutância ao contato, mas, o passo inicial é sempre o mesmo: "É preciso admitir que você tem relutância ao contato, pois esta atitude esta inibindo seu potencial de ser um mestre em vendas".

Obtenção da entrevista de vendas

Assim que você tiver um método satisfatório de prospecção de vendas e compreender bem a psicologia da compra, um fator fundamental no processo de vendas que ainda precisa ser abordado é a obtenção da visita de vendas. Embora a prospecção a frio (abordar um cliente potencial sem aviso prévio) seja adequada para uma série de situações de venda, compradores industriais e alguns outros tipos de indivíduos podem não ter tempo nem vontade de conversar com um representante de vendas que não tenha marcado a visita.

Os benefícios de marcar uma visita

A prática de marcar uma visita antes de ir até um cliente potencial pode poupar ao vendedor horas perdidas em deslocamento e espera para ver alguém que pode estar ocupado ou ausente. Quando a visita é marcada, o comprador sabe que você está vindo. As pessoas normalmente são mais receptivas quando estão esperando alguém do que quando um vendedor desconhecido aparece de repente. O ato de marcar uma entrevista costuma ser associado a uma imagem profissional e séria e, às vezes, é visto como um gesto de respeito para com o cliente potencial.

Do ponto de vista do profissional de vendas, a visita marcada representa um tempo reservado pelo comprador para ouvir a apresentação de vendas. Isso é importante, uma vez que o tempo adequado para explicar uma proposta aumenta as probabilidades de fazer a venda. Além disso, uma lista de visitas ajuda o vendedor a distribuir de forma mais adequada seu tempo de vendas em cada dia. As visitas podem ser marcadas por telefone ou contatando pessoalmente o escritório do cliente potencial.

Entrevista marcada por telefone

Por razões óbvias de tempo e custo, os profissionais de vendas geralmente telefonam para marcar a visita. Embora aparentemente seja uma tarefa simples, obter uma visita por telefone costuma ser difícil. Executivos comerciais geralmente são ocupados e seu tempo é escasso. Porém, estas práticas podem ajudar o vendedor a marcar uma entrevista por telefone:

• Planeje e anote o que vai dizer. Isso o ajuda a organizar e apresentar de forma correta a sua mensagem.
• Identifique-se claramente e a sua empresa.
• Exponha a finalidade de seu telefonema e descreva brevemente como o cliente potencial poderá se beneficiar com a visita.
• Prepare uma mensagem de vendas curta que enfatize mais os benefícios do que as características do produto. Apresente apenas informações suficientes para estimular o interesse.
• Não aceite um não como resposta. Seja persistente, mas não seja inconveniente.
• Peça uma visita para que possa explicar melhor os benefícios do produto.
• Faça sua solicitação de visita na forma de uma pergunta. Seu cliente potencial deve ter uma escolha, como: "Seria melhor para o senhor às nove horas da manhã ou à uma hora da tarde na terça-feira?".

O uso bem-sucedido do telefone para marcar visitas exige uma mensagem clara e organizada que capte o interesse rapidamente. Antes de ligar para o cliente potencial, esboce mentalmente ou fisicamente as palavras exatas que planeja dizer. Quando estiver ao telefone, chegue logo ao ponto (já que você pode ter apenas um minuto), apresentando apenas informações suficientes para despertar o interesse potencial.

Um método para marcar uma visita com qualquer pessoa no mundo é pedir que outra pessoa a marque para você. Isso parece muito simples, não é? Porém, não peça que qualquer pessoa marque a visita. Tem de ser um cliente satisfeito. Diga: "Então, você deve conhecer algumas pessoas que poderiam utilizar o meu produto. Você se importaria de me dizer quem são? Seria bom se você pudesse ligar para elas e avisar que vou dar uma passada lá". Ou: "Você poderia ligar para elas e perguntar se gostariam de conversar comigo?". Essa técnica simples geralmente funciona.

Conseguir uma entrevista nem sempre é fácil, por isso, acredite em si mesmo. Citei acima que agendar uma visita para uma apresentação é uma das melhores práticas, mas em algumas circunstâncias ir direto a um cliente sem o agendamento pode ser eficaz, pois há clientes que preferem ser abordados desta forma, principalmente quando precisam comprar os serviços e produtos ofertados.

Como profissional de vendas, acredite que você pode conseguir entrevistas porque tem uma boa oferta para os clientes potenciais, seus negócios e suas necessidades. Fale e se comporte como quem espera entrar para ver o cliente. Em vez de dizer: "Posso falar com a Sra. Maria?" diga, enquanto entrega seu cartão à secretária, "Você poderia, por favor, dizer à Sra. Maria que o vendedor Paulo, da XYZ, está aqui?".

CAPÍTULO 7

FUNIL DE VENDAS

Você é um campeão de vendas? Faça esta pergunta para você mesmo todos os dias: "Eu sou um campeão de vendas?". Responda com vontade e muita determinação: "Sim, eu sou um campeão de vendas e vou superar a minha meta". E por falar em meta, precisamos entender que meta é como falava o Capitão Nascimento do filme Tropa de Elite: "Missão dada é missão cumprida" ou seja: Meta dada é meta batida.

No momento atual, não podemos deixar de atingir uma meta, pois o mercado está apto a comprar nossos produtos. E para dizer a verdade, sempre foi assim, e atualmente está mais fácil. E por que está mais fácil? Por causa da disponibilidade das informações, ou melhor, da velocidade da informação. Um produto que é lançado em qualquer parte do mundo, em poucos segundos, a maioria das pessoas já sabe, já conhecem, já podem comprar. A palavra de ordem do planeta globalizado é: oportunidade.

Aproveitar as oportunidades faz com que os vendedores vendam mais, porque oportunidades trazem facilidades de venda, mas não se iludam, atingir metas e alavancar as vendas só irá acontecer com muito trabalho, que precisa ser convertido em: prospecções, visitas, indicações, apresentações de vendas, treinamentos, leituras e confiança em si mesmo. Resumindo... nada mudou desde os primórdios, todos os dias vemos o futuro repetir o passado, por isso... foco total e muito trabalho. E pasmem, a maioria dos vendedores estão longe de ter este foco, pois quem consegue fazer o básico terá resultado.

O que difere um vendedor mediano de um vendedor campeão? Muitos podem responder o obvio: trabalho, trabalho e muito trabalho. Mas essa resposta não está totalmente correta. Muito trabalho sem planejamento não trará resultados eficientes. Como já vimos, diversos outros fatores influenciam as boas vendas, mas uma ferramenta poderosa ajuda atingir os objetivos e principalmente auxilia o controle diário das vendas. Esta ferramenta é fundamental para as empresas de vendas e os próprios vendedores. Estou falando do FUNIL DE VENDAS.

Pense que um funil de vendas é como uma máquina de fechar vendas. O vendedor vai adicionando *prospects* na parte de cima do funil e a cada etapa pode verificar o avanço dos clientes em direção ao fechamento. Muitos vendedores podem estar se perguntando: "por que utilizar a forma de um funil?". Basicamente, porque o vendedor terá que colocar muitos clientes na parte de cima, que serão "filtrados" até a parte de baixo, gerando uma venda. Portanto, alimentem constantemente o seu funil de vendas, para cada 20 clientes, você pode fechar 4 ou 5 vendas, por isso a prospecção é fundamental.

Esta ferramenta, que compõe um dos elos vitais para o sucesso em vendas, precisa ser utilizada e aplicada diariamente. Somente com o funil de vendas o vendedor terá sucesso. Vamos a algumas informações preciosas para construir um funil interessante.

POR QUE USAR UM FUNIL DE VENDAS?

Um funil de vendas representa um imenso painel de controle do trabalho de um vendedor. É nele que o vendedor de sucesso deve inserir suas visitas diárias e acompanhar seus movimentos. Por meio de um funil bem elaborado, verdadeiro e honesto, o profissional de vendas pode extrair informações preciosas para suas vendas.

Por exemplo: saber em qual situação tem mais dificuldade, se é na prospecção (funil vazio), se na negociação (funil cheio, mas parado no primeiro estágio), ou no fechamento (funil cheio, mas sem conversão de vendas). Com esta simples análise, o vendedor inteligente vai procurar treinamentos, ouvir feedbacks, realizar *benchmark*, ou seja, melhorar os pontos negativos das suas vendas. Consequência disso? Vai vender muito mais. O funil de vendas precisa ser simples e eficiente, nada mirabolante ou complexo. Antes de iniciar a construção do seu funil de vendas, qualifique seus clientes, segue uma sugestão:

Defina grupos para seus clientes:

1- CLIENTES LEAD:

São aqueles clientes que você acredita ser um alvo, mas ainda não conseguiu atingi-los. Estes clientes podem vir de uma base que você já tenha, ou de uma base adquirida pela empresa ou por uma indicação.

2- CLIENTES PROSPECTS:

São aqueles que já receberam uma ou mais visita, porém ainda não fecharam o contrato. Ou seja, simplesmente receberam uma proposta. Mantenha-os como *prospects* até que fechem o contrato. Lembrem-se, o contrato é somente fechado após o recebimento do pedido. Um vendedor qualificado acompanha o pedido até a entrega ao cliente.

3- CLIENTES DA BASE:

'São aqueles clientes que já fecharam pelo menos um contrato e que agora fazem parte da base de cliente. Preste muita atenção nos clientes da base, pois eles têm potencial de compra constante, ou seja, sempre vão precisar ser monitorados.

Com base nessas informações, crie categorias de forma gráfica, parece difícil? Mas acredite, é muito simples. Veja um exemplo:

Defina códigos, que podem ser em porcentagem ou nominados, para os três tipos de clientes acima. Como a seguinte tabela:

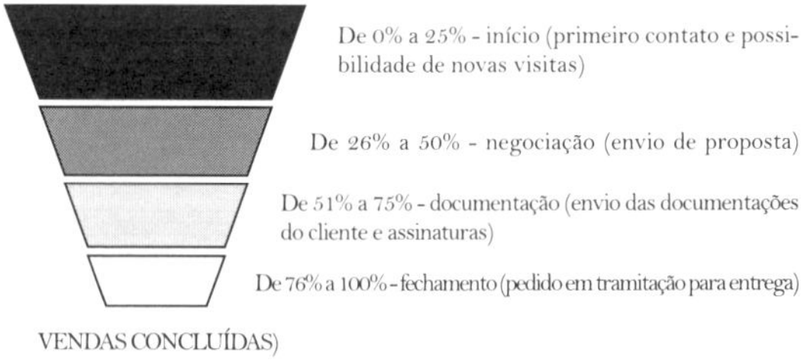

Ou simplesmente três indicadores:

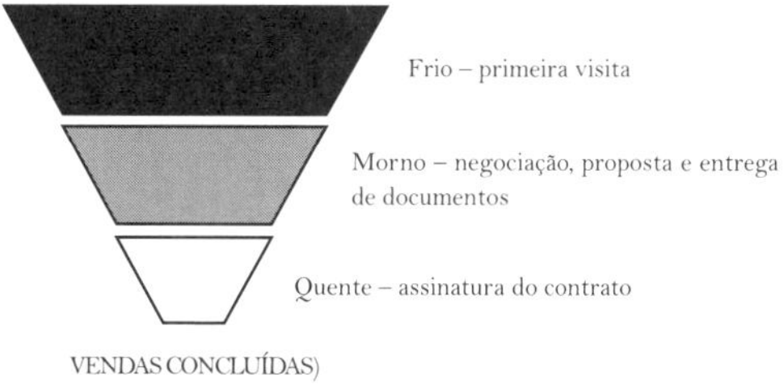

Formas simples e objetivas. Escolha a sua ou busque outro modelo, o importante é fazer um funil.

Tipos de Clientes

A vida de um cliente em sua base pode ser cíclica, por isso, conhecer os tipos de clientes é importante. Depois que os clientes entram na base, eles devem ser acompanhados de perto, afinal, um cliente pode fazer várias compras, ou seja, encher o funil várias vezes, fique de olho em tipos como:

Clientes em risco de inatividade

São aqueles clientes que assinaram o contrato, receberam o pedido, ou seja, clientes da base. Um erro grave para este tipo de cliente é quando o vendedor perde o contato, deixando o cliente "abandonado".

Este tipo de cliente precisa de visitas periódicas ou simples ligações como vimos anteriormente. O cliente precisa saber quem é o vendedor que lhe atende e isso nos bons e nos maus momentos. Um bom vendedor solicita a sua empresa que mantenha e-mails marketing informando aos clientes de sua base, as novidades, promoções e o mais importante, disponibilidade em atendê-lo. Mas mesmo com os e-mails, lembre-se: é obrigação do mestre em vendas estar ao lado do cliente.

CLIENTES INATIVOS

São aqueles que não necessitam de novos pedidos, mas que são da base e podem ser renovados (quando for o caso). Mas fiquem ligados nestes clientes, eles também não podem ser "abandonados", pois são uma fonte importante de indicações.

CLIENTES EM CANCELAMENTO

São aqueles clientes que, por qualquer motivo, pretendem deixar de ser clientes. Manter o relacionamento é importante para possíveis e futuras ações, pois o cliente deixa de ser importante apenas quando ele finaliza suas atividades, ou seja... encerra seu CNPJ.

GERENCIADO O FUNIL DE VENDAS

Tenho certeza de que todos entenderam a necessidade e a eficácia do funil de vendas, mas, vamos ser francos, nada disso adianta se você não analisar de verdade seu funil de vendas. E pior, se seu supervisor ou gerente também não analisar. Este tipo de supervisor ou gerente não pode ser considerado gestor de uma equipe de vendas e sim tocador de equipe de vendas. Um ponto importante, o mestre em vendas é "dono" das suas vendas, por isso não precisa esperar pelo supervisor ou gerente, o vendedor campeão domina seu funil de vendas.

CAPÍTULO 8

QUER GANHAR QUANTO?

Um profissional de vendas bem-sucedido precisa ter o controle exato do seu potencial de ganhos. Em um trabalho que praticamente todos são remunerados por comissões variáveis, conhecer as metas para atingir o máximo da remuneração é fundamental. Não podem existir dúvidas de como é paga a comissão variável, por isso, tire todas as dúvidas e busque os melhores resultados.

As vendas são a razão para que as empresas contratem vendedores e invistam em treinamentos, campanhas de incentivos e, por fim, em remuneração variável, desta maneira, os profissionais de vendas são responsáveis por si mesmos para atingir seus resultados.

Com a remuneração variável, o profissional de vendas tem a possibilidade de administrar sua vida financeira e almejar seus bens materiais. Uma simples planilha eletrônica pode ajudar com este objetivo. Depois que desenvolver sua planilha (caso não saiba como, peça ajuda), crie seus desejos e objetivos. Separe seus gastos fixos dentro do mês e aqueles bens que deseja adquirir, ou até mesmo quanto de dinheiro quer guardar.

Por exemplo: vamos partir do princípio de que você ganhe R$20,00 por cada produto que vende e gostaria de comprar um carro no valor de R$40.000,00, quantos produtos seriam necessários para conseguir este valor? Quem simplesmente dividiu os R$40.000,00 por 20 está enganado. Você precisa saber quanto precisa no decorrer do mês para suas contas. Não pode pegar todo seu dinheiro e gastar na compra do carro ou outra coisa. Precisamos ser inteligentes, e ter uma saúde financeira saudável é muito importante. Então, o que fazer?

Simples, vamos imaginar que precisa de R$2.000,00 para suas despesas mensais, desta forma, precisa ganhar em um mês, R$42.000,00. Dividindo este valor pelo ganho de variável, você tem que vender 2100 produtos em um mês para comprar seu carro à vista e pagar suas despesas (não estou considerando o salário fixo e imaginando que sua variável não tem limite). Achou complicado? Sim, muito difícil, mas a matemática que quero mostrar é que um profissional de vendas precisa conhecer seu potencial de ganho para ter uma vida boa e atender seus requisitos, afinal, trabalhamos muito para conquistar coisas boas para nós e nossa família.

Neste exemplo do carro, pense em juntar uma parte da entrada e parcelar o restante dos pagamentos, será que ficaria mais fácil? Imagine em juntar R$10.000,00 para o carro, somando com suas despesas básicas, você teria que planejar R$12.000,00, correto? (suas contas mensais não desapareceram porque você quer comprar um carro). Sendo assim, a conta seria R$12.000,00 divididos por 20. Quantos produtos teria que vender em um mês para atingir este valor? 600. Já melhorou, certo? Mas caso entenda que ainda é muito complicado, amplie os meses para juntar o dinheiro e financiar o carro após ter a entrada. Faça a mesma conta com as prestações. Imagine uma prestação de R$1.000,00, você teria que juntar R$3.000,00 por mês. Seria necessário vender 150 produtos. Não ficou mais fácil?

Este tipo de exercício serve para qualquer coisa que necessita comprar ou, como já disse, juntar dinheiro. Pense nisso e comece a adquirir seus bens de forma inteligente e sem problemas financeiros. Caso tenha alguma dívida, faça a mesma coisa, verifique a melhor forma de pagá-la e alcance suas metas. Este problema deve servir de motivação e incentivo para vender mais.

CAPÍTULO 9

JOGO DOS 20 ERROS

Os livros têm objetivos de mostrar como devemos fazer para vender mais, por isso dedico este capítulo a mostrar o que não devemos fazer. Acredito que muitos vendedores cometem alguns destes erros praticamente todos os dias, e um mestre em vendas precisa evitá-los a todo custo.

Muitos profissionais de vendas estão tão acostumados que ignoram estes erros e a cada dia seguem perdendo clientes. Preste atenção e pare de perder clientes.

1. Não dar a atenção devida ao cliente – Erro muito comum, o vendedor pensa apenas em vender, vender e vender, mas, vender mais exige atenção aos clientes. O vendedor precisa saber conduzir bem os dois itens: vender mais e dar atenção aos clientes. Não pense que dar atenção ao cliente é ficar o tempo todo entrando em contato desnecessário. Dar atenção ao cliente é mostrá-lo que você ou sua empresa estão disponíveis para atendê-los.

2. Não pedir o contato do prospect – Já falamos muito sobre este tópico, mas é importante falar novamente, pois perder um prospect é sinal de perder várias vendas.

3. Julgar pela aparência – Este erro nos mostra que nós, seres humanos, até hoje julgamos as pessoas pelas aparências. O mestre em vendas não está preocupado com aparências, pois sabe que precisa conhecer e entender o cliente. Muita atenção neste ponto: não julgue ninguém pela aparência.

4. Não anotar informações nem construir um briefing – Faça anotações, seu cérebro não é um computador. Escreva antes, durante e depois da visita ao cliente, isto possibilita um futuro estudo sobre a visita e o cliente. Compre um caderno e uma caneta. Acredite, não quebrará sua mão quando estiver fazendo anotações.

5. Oferecer o produto/serviço que gere mais retorno financeiro para o vendedor – Vendedores estão neste ramo para ganhar dinheiro, mas nunca ofereça um produto mais caro, simplesmente para você ganhar uma comissão maior. Ofereça o produto que atenda o cliente. Este simples ato faz com que o cliente compre cada vez mais com você. Estabeleça um canal de confiança.

6. Observar o cliente de forma que o constranja – Às vezes nos deparamos com pessoas diferentes de diversas formas, pode ser fisicamente, do jeito que se vestem, ou até mesmo por suas crenças. Preste atenção nisso e não fique irritando o cliente de forma que o deixe constrangido ou envergonhado.

7. Aceitar vender algo em que não acredita ou no que não concorda – Excelentes vendedores se perdem por causa deste erro. Toda empresa tem problemas e desafios que precisam ser superados, mas o vendedor precisa acreditar que estes desafios serão sanados e os produtos atendam os clientes. Pode parecer um dos maiores clichês do mundo, mas uma simples demonstração que você não acredita no que está oferecendo fará que perca a venda.

8. Deduzir o que o cliente deseja – Este erro acontece constantemente, muitas pessoas têm a mania de acreditar que sabem o que os outros estão pensando. Vai uma notícia para vocês, isso é um absurdo. Não entre nessa, as pessoas pensam por si mesmas, e deduzir o que elas desejam é fatal para as vendas. Por isso, o melhor caminho é se preparar para a apresentação de vendas, fazer as perguntas corretas e informar os benefícios do produto ao cliente.

9. Não fazer perguntas ao cliente – Também já discutimos bastante este tema, mas segue a dica. Por vezes, as perguntas são mais importantes que as respostas. Aprenda a perguntar e terá excelentes resultados junto aos seus clientes.

10. Fazer promessas apenas para fechar a venda – Mais um grande erro que os vendedores cometem todos os dias. Seja sincero com os clientes. Não enrole, atenda suas ligações e procure as respostas corretas.

11. Oferecer opções demais ao cliente – Muitas vezes o cliente precisa apenas de um determinado tipo de produto que você venda, fique atento a isso. Feche a venda principal primeiro, caso tenha espaço, abra novas opções, não confundir a cabeça do cliente é importante para a venda. Mas, lembrem-se, alguns clientes querem saber de todo o portfólio para tomada de decisão, principalmente os clientes que ainda não conhecem muito bem a área que estão atuando. A melhor maneira de acertar é fazendo as perguntas corretas.

12. Descuidar da linguagem corporal, passando imagem de descompromisso com a venda – Ao visitar clientes, muitos vendedores aparentam estar indo para o clube ou uma festa. Não precisa ter roupas caras ou muito formais (existem ocasiões que roupas formais são necessárias). O que é preciso é ter postura e uma imagem profissional. Comportem-se bem diante dos clientes, mesmo que sejam seus amigos. Seja profissional o tempo todo durante a venda.

13. Colocar todas as fichas em uma venda – Alguns vendedores apostam sua meta em apenas um pedido, caso algum problema aconteça com este pedido, pronto! O caos está formado, o vendedor não alcança sua meta, e pior, não ganha dinheiro e faz que sua empresa também não ganhe. Vendedores inteligentes sempre negociam vários pedidos durante o mês.

14. Dar respostas ao cliente sem verificar as informações – Este é um dos erros mais clássicos dos vendedores, pois com a venda prestes a ser fechada, inventam qualquer coisa para que o cliente assine o contrato. No primeiro momento, tudo pode parecer excelente, mas depois que o cliente perceber que as informações foram errôneas, muitas vezes fica difícil voltar atrás, e o vendedor ganhou uma venda, mas perdeu inúmeras outras. Lembrem-se, honestidade nunca será um problema.

15. Efetuar mudanças sem avisar o cliente – Este é um problema considerado por muitos como fraude, nunca mude a proposta ou o contrato sem o consentimento oficial do cliente. Peça um e-mail autorizando a mudança ou outra assinatura no contrato. Isso pode atrasar a venda? Sim, mas fará com que tudo esteja correto, evitando sérios transtornos no futuro. Nunca faça nada apenas na palavra do cliente, documente!

16. Dar desculpas, colocando a culpa nas costas de outro vendedor ou na empresa – Este erro também está na lista do mais realizados, pois é muito mais fácil terceirizar a culpa. Vendedores de verdade são responsáveis até o último momento da venda, caso exista algum problema, discuta com as áreas envolvidas e avise ao cliente. Se este problema for atrapalhar a venda de forma que o cliente desista do pedido, converse internamente e, com ajuda, procure encontrar a melhor solução. Às vezes você não encontrará a melhor solução para o cliente e poderá perder o pedido. Mas esta atitude profissional fará com que o cliente confie no seu trabalho. Lembre-se, existem situações que o cliente não precisa saber, são situações internas da empresa e que precisam ser resolvidas internamente. Isso não é enganar ou enrolar o cliente e sim evitar expor determinados problemas da sua empresa que estão em processo de solução.

17. Discutir com funcionários na frente do cliente ou criticar concorrentes – Vendedores são afoitos por natureza e algumas vezes querem defender suas empresas e produtos com unhas e dentes, isso está correto, mas muita atenção nesta hora. Discutir com funcionários ou colegas na frente dos clientes é um tiro no pé, pois faz com que você se torne uma pessoa sem equilíbrio emocional.

Falar mal do concorrente é outro problema grave, nunca fale mal do seu concorrente, demonstre os pontos fracos deles, comparando com as vantagens dos seus produtos ou serviços. Um vendedor preparado conhece todas as falhas dos concorrentes e sabe explorar estes pontos fracos. Fiquem alertas, muitas oportunidades surgem ao defender sua empresa, produto e serviços.

18. Omitir fatos, atrasando o processo – Este erro indica a desorganização dos vendedores. Não esperamos que vendedores sejam profissionais mais organizados do mundo, mas, em vendas, vacilar com a documentação e informações importantes de um pedido é imperdoável. No mercado acelerado de hoje, algumas horas fazem diferença em uma venda, pequena ou grande. Lembre-se de tratarem seus pedidos como se fossem a única venda do mês, verificando todos os documentos, relendo o que foi escrito e a assinatura do cliente. Não deixe de fazer isso várias vezes e, caso tenha dúvidas, peça ajuda.

19. Prometer e não cumprir – Quer perder um cliente? Basta prometer alguma coisa e não cumprir. Esta máxima também vale para a vida de cada um. Pessoas não gostam de pessoas que mentem, ou que dizem uma coisa e fazem outra. Muito cuidado ao prometer alguma coisa para seu cliente sem a certeza de que poderá cumprir, na maioria das vezes não é você o responsável pela informação, você depende de outra pessoa. Neste caso, a pergunta é: "Será que a pessoa está comprometida em ajudar no espaço de tempo que você precisa?". Verifique antes de prometer alguma coisa. Clientes ficarão mais satisfeitos.

20. Desaparecer, sabendo como a compra é importante para o cliente – Acreditem, este erro ainda acontece. Quando se faz uma venda, independente do tamanho, o cliente espera receber o que comprou e certificar se está tudo correto. Um profissional de vendas de sucesso acompanha este processo e sempre está do lado do cliente. O melhor sempre será de maneira presencial, mas sabemos que em alguns casos isso não é possível, por isso, use a tecnologia, ligue para o cliente perguntando se o pedido chegou (não tenha medo. Caso o pedido ainda não tenha sido entregue, informe que irá verificar o motivo da demora) ou mande uma mensagem SMS. Fique ao lado do cliente. Mesmo os vendedores mais ocupados podem fazer isso entre suas visitas.

Erros acontecem todos os dias, o mais importante é aprender com eles e não repeti-los, para isso, basta foco e treinamento. Aprenda com os seus erros e, quando possível, com os erros dos outros, assim diminui seu tempo de aprendizagem. Muitos erros citados acima parecem banais, mas acreditem, estes erros e diversos outros são frequentes, a única maneira de evitá-los é lendo-os todos os dias até memorizá-los e assim condicionar suas tarefas, evitando os atropelos. Fiquem ligados e vocês venderão muito mais.

Capítulo 10

A culpa é de quem? Nossas desculpas de cada dia!

Como vimos, vendas é uma arte e uma ciência, que juntas transformam o mundo, pois todos os dias estamos comprando e vendendo alguma coisa. Em um mundo globalizado em que a concorrência a cada dia se aperfeiçoa, os vendedores, supervisores e gerentes de vendas despreparados procuram encontrar culpados para os baixos resultados. O ditado "quem é bom em desculpas não é bom em nada" cabe como uma luva nestes casos.

O ser humano tem uma capacidade incrível de inventar histórias e explicações para o inexplicável. Pois querem provar que nunca são responsáveis por suas falhas, afinal é mais fácil culpar alguém ou alguma coisa em vez de fazer o que é necessário para alcançar o sucesso.

Veja alguns exemplos clássicos:

1- Atrasos:

Quando os vendedores atrasam para as reuniões na empresa ou visitas aos clientes, as mais variadas desculpas já estão na ponta da língua. "O trânsito está ruim", "O carro estragou", "Não sabia da reunião", "Perdi o endereço" ou "Estou passando mal", e por aí vai! Tenho certeza de que cada vendedor conhece muitas desculpas como essas. Lamentável!

Estes vendedores não fazem o planejamento adequado ou pouco importam com suas responsabilidades. E de quem é a responsabilidade pelos maus resultados? Será que é do mercado? Ou do cliente? Ou do seu chefe? E quando as contas chegam para serem pagas? O que acontece? O vendedor não atingiu sua meta e não ganhou o dinheiro, quem é o primeiro a ser prejudicado? Você, vendedor... Pense nisso!

2- Mercado ruim:

Com dificuldade de atingir a meta, as desculpas começam a surgir: "O mercado está ruim", "Os clientes não estão comprando", "Está difícil agendar as visitas", "O cliente não atende o telefone, já tentei inúmeras vezes", "A economia do país está péssima".

Perguntas: Como está seu funil de vendas? Se está difícil agendar visitas, quantas ligações ou porta a porta o vendedor faz para aumentar este número? O vendedor vem pedindo indicações? Como está a carteira de clientes da base, será que não pode ser revisitada? Se não fizermos alguma coisa diferente, os resultados não mudarão.

3- Crise:

As crises são vistas com muita desconfiança e preocupação. Claro que devemos ter cuidado, mas são nas crises que surgem excelentes oportunidades. O problema surge quando a equipe de vendas começa a usar as crises como desculpas: "O mercado está em crise", "A crise está acabando com as vendas", "Os clientes estão esperando a crise passar para voltar a comprar" e "A crise pegou o mundo todo".

4- Não trabalhar na sexta-feira ou no sábado e às vezes na segunda-feira

A melhor desculpa é "Os clientes não compram na sexta-feira", "Os clientes não gostam de receber visitas na sexta-feira à tarde ou na segunda-feira pela manhã e muito menos no sábado". Já pararam para pensar como isso emperra a força de vendas? Imaginem se o padeiro não fizesse pão na sexta-feira à tarde, sábado ou segunda-feira pela manhã, como faríamos? Ficaríamos sem comer o pão, certo?

É a mesma coisa com nossos produtos. Sextas, sábados e segundas são dias normais de trabalho e fazem parte de nossas metas. Quando um cliente ou outro não puder atendê-lo nestes dias, não tem problema, haverá diversos outros que atenderão. Pense em sua meta e em como ganhar mais dinheiro. O grande problema que os vendedores medianos estão com a cabeça voltada para o churrasco do final de semana ou nas baladas com os amigos. Divertir-se é essencial, mas foco no trabalho no momento certo faz a diferença para um mestre em vendas.

5- Vendas sancionais:

Alguns vendedores não acreditam no poder do funil de vendas e a principal desculpa para isso é: "Nesta época do ano vende-se pouco mesmo, não tem nada que pode ser feito", mas são incapazes de procurar outros caminhos, como preparar bem seu funil de vendas.

6- Vendedores pessimistas:

Existem profissionais de vendas que acreditam que nada vai dar certo e suas desculpas são: "Não adianta fazer treinamentos, isso vai dar errado", "Para que reunião? Discutimos isso há anos e nada mudou!", "Não adianta ter premiação, eu nunca vou atingir minha meta", "Mais um cliente para atender, que coisa chata". Estes são os vendedores que acreditam que o mundo está errado e que são eles lutando contra tudo e todos. Mas, ainda há casos piores: os pessimistas irônicos, aqueles que além de tudo dar errado ficam rindo e contaminam os demais da equipe.

7- Relatórios:

Vendedores por natureza não gostam de preencher os relatórios de vendas, mas este procedimento é muito importante para o trabalho e para a empresa, e como sempre as desculpas aparecem: "Cadastrar clientes? Para quê? Qual a finalidade?", "Fazer controle de vendas? Para que isso? Eu sei o tanto que vendo", e por aí vai!

Será que isso é verdade? Alguns vendedores podem até conseguir trazer bons resultados negligenciando os relatórios, mas nunca serão mestres em vendas, pois o mestre em vendas precisa deixar suas informações disponíveis, não apenas para a empresa, mas para si mesmo. Desta forma, quando precisar acessar alguma destas informações, terá agilidade em consegui-las.

8- Síndrome de Gabriela:

Este é um dos piores problemas dos vendedores, aqueles que acreditam que nada pode mudar: "Eu nasci assim, cresci assim, vai ser sempre assim". Se você é um destes vendedores, mude o mais rápido possível.

Todos nós conhecemos os desafios do mercado de vendas. Qualquer pessoa entende que apenas com um conjunto de ações chegará ao sucesso. Nada é fácil, por isso exige trabalho duro, disciplina e planejamento. Claro que podemos vencer os obstáculos do dia a dia com atitudes simples, vejam: acordar cedo, alimentar-se bem, fazer atividade física, visitar muitos clientes, conhecer e controlar o funil de vendas, suportar a pressão da empresa e dos clientes, driblar o trânsito caótico que piora a cada dia (existem aplicativos que nos ajudam a fazer isso), enfrentar clientes mal-humorados e sempre à procura de descontos, realizar o máximo de treinamentos possíveis, ler muito e manter o sorriso no rosto.

Estas são apenas algumas ações que na verdade não são segredos para ninguém, todos sabem que devem fazer. Mas a pergunta é: "Por que não fazem?" Tenho certeza de que não é nada fácil, podem acreditar, mas afinal, quem disse que a vida é fácil? Lembrem-se, a vida não está aí para ser apenas vivida, a vida é para ser conhecida, saboreada e aproveitada.

Profissionais de vendas são verdadeiros super-heróis para aguentar tudo isso e muito mais. Mas, os excelentes vendedores, aqueles que faturam alto, os que se destacam, sabem como enfrentar estes desafios e realizam suas vendas com sabedoria. Faça uma pequena pesquisa, procure vendedores de sucesso e pergunte a eles qual o segredo para ser um mestre em vendas.

A resposta pode variar, mas garanto que vai parecer com algo como os seguintes itens: acordar cedo, trabalhar de segunda a sábado (com equilíbrio), enxergar oportunidades onde há crise, manter o funil de vendas sempre lotado, realizar mais de 4 visitas por dia, conhecer todos os detalhes dos produtos ou serviços que vendem, estar sempre em busca de inovação, preocupar com o pós-venda, trabalhar todas as indicações, cuidar da saúde, participar ativamente da vida familiar, ter atenção na aparência e sempre estar à disposição dos clientes.

Um ponto fundamental para o mestre em vendas é que cada profissional precisa encontrar os seus itens de sucesso e nunca se iludir com o trabalho fácil. Querem ganhar dinheiro? Então, deixem as desculpas de lado e mãos à obra.

Capítulo 11

Guia de bolso

Separei para vocês 23 pequenos textos que publiquei em meu antigo blog durante 3 anos, estes posts são verdadeiros guias para o dia a dia do mestre em vendas. Peço que os leiam constantemente, pois tenho certeza de que ajudarão em suas vendas e principalmente como devem se comportar.

Dentro deste universo de 23 artigos, alguns deles foram cedidos pela Anderson Magalhães Almeida Santos, que tratará de assuntos bem interessantes e de grande interesse. Anderson, além de um amigo é engenheiro eletricista, profissional certificado pelo PMI e atualmente reside e trabalha no Canadá. Outros artigos nos foi presenteado pela Paula Raquel Giordani, que falará sobre aspectos importantes no mundo dos projetos. Paula também é certificada pelo PMI e trabalho no PMO da Unimed BH.

E por último 1 dos posts veio do engenheiro de minas Leonardo Anderson dos Santos Reis, um texto sobre Michelangelo no século 21. Vamos a eles!

1- Venda bem o seu peixe!

A palavra peixe tem vários significados, desde sua própria denominação, como: algumas criaturas que encontramos nas águas doces e salgadas, que compramos para nos alimentar ou enfeitar nossos aquários etc. Mas existem significados bem profundos como "fala, peixe", "você é peixe do chefe", "ele é seu peixe" e por aí vai.

No mercado de trabalho, saber "vender seu peixe" é simplesmente fundamental. Quem não consegue vender "seu peixe" precisa aprender como fazê-lo.

É muito importante entender o significado de como vender alguma coisa e, como já disse antes, não pense que vender é pegar algum produto ou serviço e sair oferecendo às pessoas. O ato da venda é muito mais interessante e complexo do que isso.

Nos mais badalados cursos de MBA em Gestão de Negócios ou Marketing, sempre ensinam que não se vende produtos ou serviços e, sim, benefícios. Você concorda? Eu concordo e acredito fielmente nesse conceito. Vamos a alguns exemplos simples: quem compra um carro precisa de quê? Imaginem! Eu imagino duas coisas – primeiro, o conforto, e depois o mais importante: o transporte. Quem compra um telefone celular precisa de quê? Simples, precisa falar, ou seja, comunicação.

Existem diversos materiais disponíveis no mercado sobre vendas. Mas, muitos vendedores têm preguiça de buscar informações nos livros, em leituras na internet, em cursos e até mesmo nos treinamentos oferecidos pela empresa, já pensam que não precisam aprender mais nada. Não se iludam, aprender é preciso, digo mais, é fundamental para nossas experiências. Portanto, não percam tempo: ler é necessário, ou melhor, conhecer é preciso e, para isso, boas conversas também ajudam bastante, troca de experiência nos elevam aos patamares mais altos.

Para vender bem seu peixe não basta apenas trabalhar muito, algumas vezes não é preciso chegar ao escritório às 5h da manhã e sair às 22h. Você precisa entender como atingir seus objetivos. Atualmente, vendas se tornou um trabalho técnico, pois é necessário vender ideias, projetos, opiniões e principalmente benefícios. Para conseguir tudo isso, o primeiro passo é conhecer profundamente o que está vendendo. Quem não conhece o que está dizendo nunca vai conseguir atingir de verdade seu público-alvo.

Por isso, pessoal, vender é "simples": basta conhecer o produto, serviço ou ideia, saber expressar-se aos outros (clientes e chefes), ter disposição para ouvir vários nãos e o normal: trabalhar muito. Isso requer pesquisa, desenvolvimento de percepções e habilidades, saber criar oportunidades e maneiras de aproveitá-las. Podem apostar que é simples, mas não é fácil. Portanto, vamos à luta.

2- Marketing pessoal

Marketing pessoal é uma área que qualquer profissional precisa ficar atento. Já foi o tempo em que se preocupar com a imagem era considerado sem importância. E qual o verdadeiro motivo para isso? Trabalhar nossa imagem é tão importante que faz a diferença quando estamos frente a frente com um cliente para realizar uma venda, pois é fundamental passar confiança, conhecimento e postura de quem está apto a fazer negócio com o cliente. Seguem algumas sugestões para o dia a dia.

Cuide da saúde

Cuidar da saúde é fundamental para aguentar o desgaste do dia a dia e, óbvio, para a vida. Deixe de ser uma pessoa teimosa e faça as refeições corretamente. Nada de não tomar café da manhã, almoçar depressa demais, não comer nada durante a tarde e comer tudo que tem direito à noite. Afinal, será que alguém se encontra nessa situação? Garanto que sim. Vá ao médico, faça exames e procure equilibrar o lazer com o trabalho e, claro, não beba demais.

Outro assunto importante e que todo mundo vive dizendo, mas muita gente insiste em não fazer: faça exercícios físicos, deixe de preguiça e vá caminhar, frequente uma academia ou pratique algum esporte regularmente. E, por favor, sem a desculpa de falta de tempo. Os exercícios físicos lhe darão mais força para o mundo corporativo. E pode ser um excelente lugar para fazer novos clientes.

Cuide da sua aparência

Pode parecer piegas, mas cuidar da aparência é essencial. Vista-se bem (não quer dizer com apenas roupas caras, e, sim, roupas apropriadas). Para os homens, mantenham a barba bem feita e o cabelo cortado. Já as mulheres devem ter cuidado com a maquiagem e manter as unhas bem feitas. E para todos: cuidado com os dentes e o mau hálito.

CUIDE DA ORGANIZAÇÃO

Organização em vendas faz toda diferença. Imagine chegar a uma reunião atrasado, desarrumado e ou desequilibrado! Pontualidade é respeito. E aqueles vendedores que esquecem os cartões de visita e não levam a proposta! Fica difícil conseguir conquistar a confiança dos clientes. Outro ponto importantíssimo: sempre, mas sempre mesmo, retorne as ligações, até as indesejáveis.

Estas três dicas simples lhe ajudarão a manter uma imagem positiva para os clientes. Perceba, não tem nada de complicado, basta ficar atento e fazer as coisas corretas.

3- ATITUDE DE VENDEDOR

Todo mundo sabe que vender requer uma atitude séria e muita conversa, mas, com certeza, não estamos falando da famosa conversa "fiada". Todo vendedor já passou por situações difíceis, geradoras de tensão e muito nervosismo (lembrando que quando falo em vendedor estou referindo a todo mundo, desde os vendedores tradicionais, passando por pessoas que vendem suas ideias nas empresas e até mesmo alunos tentando agradar seus professores).

Para vencer essa barreira do nervosismo é necessário ter experiência e aprender com os erros. É, a vida é assim e ponto final. Ninguém nasce sabendo, e errar faz parte do processo de ser o melhor, mas o importante é aprender com os nossos erros e os erros dos outros.

Uma sugestão muito importante que aprendi com bons professores de vendas – "aprenda a ouvir, deixe o cliente falar, desabafar, não o interrompa". Observem que em muitas ocasiões estamos tão preocupados em apresentar nossos produtos ou serviços que não deixamos o cliente expor suas ideias. Por isso, essa sugestão vale ouro. Ouça bem e entenda a hora certa de começar a falar. Em determinadas situações, o cliente quer apenas falar dos problemas e está procurando uma forma de resolvê-los. Conhecer a real necessidade do cliente ajuda muito na hora da venda. Muitas vezes não deixamos que o cliente fale tudo que precisamos ouvir e deixamos de oferecer o produto correto, na medida certa que ele precisa.

Para ser um excelente vendedor é necessário ser, antes de qualquer coisa, um consultor. E é verdade: os consultores existem para observar os problemas e resolvê-los, realizando uma venda ou não. É preciso ganhar a confiança dos clientes. Para isso, honestidade acima de tudo. Nunca deixe de retornar uma ligação para os clientes (ou melhor, não deixe de retornar qualquer ligação, mesmo aquelas que você sabe que são para reclamar de alguma coisa). E nunca, mas nunca mesmo, venda produtos ou serviços desnecessários. Esse tipo de atitude vai gerar conflitos e perda da confiança; resgatá-la pode ser muito difícil ou até impossível. Preste atenção nisto!

Outro ponto fundamental nas atitudes de quem quer vender alguma coisa é ser otimista e extrovertido (não confunda ser extrovertido em ser um palhaço de circo fazendo brincadeiras). Esse tipo de vendedor tem mais possibilidades de produzir uma boa "primeira impressão" do que aquele vendedor mal-humorado e introvertido. Portanto, pessoal, pense nisto e tome as atitudes corretas para realizar boas vendas.

4- INOVAÇÃO X IDEIAS

Vamos direto ao ponto! Por que muitas ideias "morrem" na sala do chefe? Várias respostas podem ser colocadas para esta pergunta, mas tenho uma que li em uma revista e concordo. É muito comum ver ideias excelentes serem engavetadas, porque a maior parte das empresas não possuem um processo formal de registrar novos projetos, o que acaba acontecendo é o funcionário ir até a sala do chefe com uma planilha ou bloco de notas na mão. O chefe dispara as perguntas aniquiladoras de ideias: "Qual será o retorno do investimento?" ou "O quanto essa oportunidade será lucrativa?" e por aí vai. Por isso, a maioria das ideias morre na sala do chefe.

Além dessa afirmação, acrescento um fato constante que acontece com algumas pessoas. A desmotivação momentânea. As pessoas têm excelentes ideias, mas, muitas vezes, não as apresentam. Simplesmente pensam o seguinte: "ah, esta ideia parece interessante, mas se realmente fosse, alguém já teria apresentado". Isso é ridículo! Nunca pensem assim, mesmo que ninguém tenha apresentado antes, apresente. Claro, pesquise primeiro, converse com os colegas e tome a decisão mais sensata. Equilíbrio é fundamental nos negócios e na vida. Não podemos sair apresentando tudo que queremos e entendemos como a descoberta do ano. É preciso analisar o ambiente e o mercado. Afinal, existe vida inteligente antes da nossa chegada.

Lógico que existem os bons gestores que escutam as ideias das pessoas, fazendo perguntas coerentes e desafiadoras como: "Quão radical é a ideia?", "Que tipo de impacto poderá causar nos clientes, e na concorrência?". E, posteriormente, é necessário analisar a viabilidade da ideia. Afinal, uma excelente ideia inviável financeiramente ou operacionalmente não é uma boa ideia.

É bom lembrar que, em um momento de turbulência e crises, são momentos excelentes para apresentar as boas ideias. Por isso, é preciso fazer diferente. Chegou a vez de apresentarmos novos produtos, novas variáveis para o mercado. Segundo o consultor Inglês Rowan Gibson, você precisa:

Ser questionador: Você deve questionar a sua visão do mundo e a dos colegas de trabalho também. E isso se faz olhando para aquilo que as pessoas chamam de senso comum. "Refiro-me ao conjunto de paradigmas tidos como certos e que todo mundo segue, sem saber por quê".

Nos Estados Unidos, o executivo–chefe do Commerce Bank, Bernond Hill, questionou por que os bancos não operavam 24 horas por dia durante os sete dias da semana. Isso levou aos caixas eletrônicos.

Ser utilizador: Olhando suas competências e seus recursos, pergunte-se: "que novas utilidades posso dar a eles?" A Disney inovou ao levar suas produções para o cinema e para o teatro e depois exportá-las para o mundo. Ela retrabalhou seus recursos internos para criar um negócio novo.

Ser conhecedor do cliente: Trata-se de entender antes dos concorrentes os desejos que estão por aí. Exemplo, Google e Apple. Há algum tempo, se perguntássemos às pessoas "Você precisa do Google Earth?", grande parte delas teria dito que a ideia é uma besteira. O fato é que, hoje, muita gente não vive sem ele. Da mesma forma, ninguém estava batendo na porta da Apple dizendo "por favor, me dê pelo menos cem músicas que eu possa carregar no meu bolso". Havia interesse pelo iPod, mas só a Apple se deu conta disso.

Portanto, pessoal, vamos direto pensar e trabalhar novas ideias. Para bons vendedores, inovar significa vender mais, e, para isso, é preciso analisar como foi o trabalho do mês que passou e pensar em como melhorar no mês corrente. O que os melhores vendedores estão fazendo? O que preciso fazer para ser melhor do que eles? Fica a dica!

5- O CLIENTE TEM SEMPRE RAZÃO!

Como todo mundo sabe, ter equilíbrio é extremamente necessário para a sobrevivência e oportunidades na carreira e na vida.

A maturidade vem com a experiência e isso leva tempo. É importante aprender com nossos erros e com os erros dos outros. Por isso, precisamos ficar atentos aos sinais que as pessoas e o mercado nos mostram. Vendedores iniciantes e até mesmo os mais experientes cometem um erro banal que atrapalha de forma significativa as vendas. Qual erro será esse?

Existem vários erros capitais, mas, vou falar de um erro especificamente, que é o das afirmações taxativas. Mesmo os vendedores que conhecem muito bem os produtos ou serviços que vendem e conseguem demonstrar os benefícios reais aos clientes, durante a venda, cometem tal desvio.

Não podemos esquecer que os clientes comprarão os produtos e serviços se estiverem convencidos por si próprios dos benefícios e valores do produto.

(É importantíssimo darmos margem para o cliente reconhecer as vantagens e os benefícios da compra.)

Evite a todo custo afirmações taxativas, que podem criar um ambiente chato e fazer com que o cliente desconfie dos produtos ou serviços. Nunca discuta com os clientes, mas caso você entre em uma discussão, pare, pense e encerre-a o mais rápido possível. É possível ganhar a discussão, mas perderemos a venda.

Por esse motivo e diversos outros é que o dito popular se fortalece: "o cliente tem sempre razão". Sei que aceitar essa afirmação é difícil, mas do ponto de vista da venda é importante, afinal, no mercado atual, os produtos e serviços transformaram-se em commodities, e se o cliente não gostar de alguma coisa durante a venda, certamente vai procurar o concorrente.

Nos casos extremos onde o cliente resolva discordar de alguma coisa, devemos buscar o equilíbrio, sem nos exaltarmos. Diante de tais situações, devemos ouvir ativamente para, em seguida, minimizar a objeção. Uma dica interessante: após ouvir o cliente, podemos fazer uma pergunta sobre o tema, convidando-o a abrir um pouco mais seu ponto de vista. Nunca interrompa o cliente, não se empolgue nem por curiosidade. As pessoas gostam de ser ouvidas.

Quando interrompemos o cliente estamos limitando as possibilidades de identificar suas principais necessidades. E o que é pior: podemos aborrecê-los ao interromper sua linha de raciocínio, sem permitir que exponha suas opiniões e desejos.

Portanto, pessoal, essa tarefa pode parecer fácil, mas é bem complicada. Precisamos nos controlar diante das discussões e discordâncias. Mais uma vez, trabalhem o equilíbrio e as coisas darão certo.

6- FAÇA AS PERGUNTAS CERTAS

Fazer as perguntas corretas é tão importante que vou repetir o tema novamente, mas abrangendo de forma diferente.

Em se tratando de vendas, saber fazer a pergunta certa nos dá uma vantagem excepcional para atingir nosso objetivo. Mas, precisamos ter cuidado para não transformar nossa visita de vendas em um interrogatório, fazendo com que o cliente se sinta pressionado.

Uma pergunta indireta inteligente deve ser formulada de modo que o cliente não possa respondê-la com um "sim" ou com um "não". Ela deve ser elaborada para que os clientes falem a respeito da sua situação atual, suas limitações e seus problemas. Precisamos obter informações e detalhes sobre as áreas em que os nossos produtos e serviços vão oferecer soluções.

As perguntas indiretas inteligentes e assertivas geram respostas amplas e dissertativas, dando oportunidade ao cliente de falar o que deseja, além de contribuir para que possamos formar a melhor opinião sobre as suas necessidades.

Alguns exemplos de perguntas indiretas inteligentes:

- De que modo isto é feito atualmente?
- Como funciona?
- Qual é a atividade desta área?
- Qual é a sua opinião sobre?
- Por que é feito desta maneira?

O que é importante entender é que fazer boas perguntas serve de base para a estratégia de vendas. O que; Como; Por que; Quando; Qual ajudam a entender as necessidades dos clientes.

É importante ressaltar ainda que as boas perguntas devem ser feitas explorando as áreas em que o seu produto é capaz de oferecer soluções, pois caso você faça perguntas fora da sua área, pode gerar expectativas no cliente e frustrá-lo. Tome cuidado. A utilização de perguntas indiretas deve ser usada de forma natural, portanto, elas podem ser usadas constantemente.

7- Pontos de equilíbrio

Um tempo atrás tive a oportunidade de realizar uma palestra para um grupo de atletas. O tema era: Pontos de equilíbrio. Percebi como é um tema importante para qualquer área e principalmente para vendas, por isso, como sugestões, seguem alguns pontos que considero mais importantes.

Trabalho

Dedique-se ao máximo ao seu trabalho, principalmente se ele é a sua única fonte de receita. Quando ouvimos falar que o trabalho dignifica o homem, essa afirmação está correta. Mesmo que você não goste do seu emprego, ele é muito importante para que você possa identificar e trabalhar os seus pontos fortes e fracos. Assim, você se tornará uma pessoa cada vez melhor. Mas nunca desista de buscar uma atividade profissional que esteja adequada ao seu perfil e aos seus anseios.

Outro detalhe: muitas vezes o nosso trabalho não é aquilo que imaginávamos, mas nem por isso devemos deixar de nos dedicar com exímio a ele. Motive-se e faça o melhor, como se fosse fazer para você mesmo. O reconhecimento, de alguma forma, sempre vem para o profissional dedicado.

Livros

Leia tudo que puder. Eu sempre digo aos meus amigos: temos que ler o que todo mundo anda lendo e também aqueles livros que ninguém lê. Jornais e Revistas são fontes significativas de informações.

Saúde

Como diz o ditado, falar de saúde é "chover no molhado", pois cuidar da mente e do corpo é fundamental para uma vida plena e feliz. Deixe de lado a preguiça e as desculpas, cuide da alimentação, consulte o médico, mantenha os exames em dia e faça exercícios físicos.

Família

Simplesmente, família é tudo. Portanto, fique o máximo que puder com seus pais, converse sempre com seus irmãos e, claro, namore muito. Para quem tem filhos, dedique-se a eles e eduque-os.

Aproveite bem cada momento da vida, buscando equilíbrio entre todas as coisas. Dessa forma, você terá grande possibilidade de encontrar a felicidade e o sucesso.

8- Os 3 Fs

Você já ouviu falar em 3 Fs? Veja aqui o que significa este jargão do mundo corporativo e saiba por que é importante praticá-los.

Foco no cliente

Esta afirmação não é balela ou mais um jargão corporativo, pois precisamos entender o que os clientes estão vivendo e quais as suas reais necessidades. Neste item é bom frisar que alguns ou muitos dos nossos clientes também atendem a outros clientes (ou seja, estamos falando do cliente do nosso cliente). Dessa forma, é necessário orientar o nosso cliente quanto ao melhor atendimento aos seus clientes para que ele também possa vender mais e melhor. Portanto, conheça as reais necessidades de venda do seu cliente e oriente-o para que ele obtenha êxito na negociação de seus produtos e serviços. Agindo dessa forma, com certeza, você terá um grande retorno.

Foco no acionista

Entenda foco no acionista como sendo foco na própria empresa. Para isso, é necessário conhecer o que a empresa está pensando, qual a estratégia do negócio e, principalmente, quais os principais pontos que devem ser tratados com maior prioridade.

Foco nos talentos

Fique de olho nos talentos! Bons profissionais são difíceis de encontrar ou de se formar. Portanto, não dê bobeira. Ajude seu time ou aqueles ao seu redor a crescerem juntos com a empresa.

9- "Quem não comunica se trumbica"

O velho guerreiro Chacrinha sempre dizia esta frase: "Quem não comunica se trumbica". Vocês já pararam para pensar nela? Já fizeram uma reflexão se a comunicação no seu ambiente de trabalho está sendo feita corretamente? Você sente que as informações navegam de forma clara e consistente entre os departamentos e clientes? Essas são algumas perguntas que devem ser feitas e, em caso de respostas negativas, acredito que cabe uma avaliação.

No mundo das vendas nos deparamos com falhas de comunicação gigantes que comprometem os resultados. Como exemplo, façam as seguintes indagações:

- Os vendedores sabem realmente quais são suas metas individuais e gerais?
- Todos estão cientes dos novos lançamentos?
- Todos sabem informar aos clientes os preços dos produtos e serviços?
- Todos sabem como conceder descontos ou reter um cliente?
- A "rádio-peão" é mais rápida do que o gestor ou a empresa?
- A equipe considera que o gestor não repassa a informação com medo de perder o posto?

São perguntas básicas que, por mais simples que pareçam, não recebem a devida atenção das empresas. E elas servem para empresas de qualquer porte: pequeno, médio ou grande. Portanto, vamos ficar atentos para que a comunicação seja clara e eficiente.

10- Competição

Nos tempos atuais, vivemos na era da competição. Hoje em dia competimos até pelas crises, como pode?

A realidade é dura e a competição é agressiva, algumas vezes desleal. Quando chega a este ponto, sugiro: saia da disputa. Na falta de princípios e ética é melhor buscar novos clientes, pois agir dessa forma não pode dar certo.

No mundo corporativo, competir é natural, e o que realmente faz a diferença para manter ou conquistar novos clientes? Lembrando que todos os setores da empresa possuem clientes, caracterizados por clientes internos, portanto, não se engane pensando que você trabalha em uma área meio da empresa, não tem responsabilidade de competir.

A resposta é simples: todos nós a conhecemos, mas mesmo assim vou lembrar alguns pontos importantes:

Seja honesto: nunca ofereça nada que não possa cumprir. A verdade pode parecer complicada, mas no final é o que prevalecerá.

Não fale mal da concorrência: preocupe-se em mostrar o seu lado positivo e as suas vantagens, esqueça o concorrente.

Conheça bem seus concorrentes: como no ditado "mantenha seus amigos perto e seus inimigos mais perto ainda". E não se iluda que seus concorrentes são apenas aqueles que trabalham no mesmo setor que o seu. Os clientes deixam de comprar produtos por outros em seguimentos totalmente diferentes. Portanto, esteja antenado.

Conheça de verdade o que está vendendo: isto é básico, é fator principal para quem almeja chegar a algum lugar. Não deixe de participar de treinamentos, *workshops*, assistir filmes e documentários sobre os produtos vendidos. Sei que treinamentos podem ser chatos e longos, mas, tenho certeza, são necessários.

Aprenda a ouvir: muitas pessoas acreditam que o bom vendedor é aquele que fala muito, isto não é verdade. Clientes não querem que ninguém fique tagarelando nos seus ouvidos. Fale pouco, mas fale o necessário e, principalmente, o que o cliente quer ouvir.

O cliente quer carinho: os clientes querem e precisam de atenção. Dê atenção a eles, mesmo que você esteja muito ocupado com várias ligações, respondendo mil e-mails ou simplesmente atendendo muitas pessoas ao mesmo tempo. Saiba separar este tempo de atenção a cada cliente. Isto fará a diferença.

Preste atenção nas suas metas: estude e analise suas metas ou indicadores, trabalhe em cima dos resultados. Seu bolso agradecerá.

No universo competitivo são apenas algumas dicas para seu dia a dia. Tire suas conclusões, observe muito o que está acontecendo com o mercado e vá à luta. As competições saudáveis sempre trazem muita aprendizagem.

11- A FALTA DE ATITUDE EM TEMPOS DE MUDANÇA

O mundo sempre viveu e viverá de grandes "booms". Houve o "boom" da internet, das telecomunicações, da bolsa de valores, entre outros. E claro: com os grandes "booms" existem as grandes crises. Estamos passando por uma dessas crises mundiais, que vem desacelerando gradativamente a cada mês. Com a possível retomada à corrida por clientes e novos negócios, a participação das pessoas tornou-se ainda mais importante nesse processo.

Cada um de nós precisa mostrar que é capaz de trabalhar em tempos difíceis e com muita pressão. O que podemos fazer para atingir nossos resultados? Acredito que uma simples palavrinha faz toda diferença: ATITUDE.

Atitude para mudar, crescer, brigar e brilhar. Precisamos fazer do nosso dia a dia de trabalho uma conquista e aceitar que os tempos são outros. Para fazer a diferença hoje não podemos mais fazer o que fazíamos antes. Também não precisamos "deletar" as coisas do passado, mas sim adaptar o que fazíamos de melhor e ousar agora de uma forma diferente. É impossível encarar os desafios atuais fazendo a mesma coisa de antes. Outro detalhe importante: atenção no presente e olho sempre no futuro.

Desafios novos em tempos novos. Portanto, vamos usar a célebre frase da Apple: "Think Different", ou seja, "Pense Diferente". Mude de atitude e conquiste o mundo. O que nos trouxe até aqui não nos levará para o futuro.

12- Ser ou estar? O que você prefere?

Uma vez que estava em Recife tive a oportunidade de assistir uma apresentação do cientista Sílvio Meira, um dos grandes nomes da tecnologia nacional, e em um determinado momento ele citou Darwin – o qual não inventou a lei de que o mais forte sobrevive, e sim descobriu esta lei e revelou ao mundo. Meira ainda foi mais longe e disse que o mundo não é para os mais fortes, magros, gordos, baixos ou altos e sim para aqueles que se adaptam melhor a cada fase da existência humana.

Parem para pensar: essa afirmação é fantástica e verdadeira. No mundo dos negócios onde cada empresa busca seu "lugar ao sol" no mercado altamente competitivo, é necessário manter os melhores profissionais para conquistar seu espaço e permanecer entre as melhores organizações. Essa afirmação também serve para os profissionais que estão em constante competição dentro das empresas.

Ser a melhor empresa ou o melhor profissional é perigoso, pois pode trazer percepções erradas e atrapalhar o crescimento. Parece complicado? Mas é bem simples na visão de Meira e na minha: as empresas e as pessoas que são as melhores estão correndo sério risco de tornarem-se obsoletas e, portanto, perder espaço neste mundo competitivo.

Precisamos ter a consciência de que ser o melhor, geralmente, é um problema, pois nos esquecemos de evoluir e crescer cada vez mais. Por isso, não somos os melhores e, sim, estamos como os melhores. Compreendendo bem esta máxima, e prepare para buscar o famoso crescimento sustentável em todas as esferas da vida profissional e pessoal.

13- Inteligência emocional

Em todos os momentos somos testados, mesmo

que inconscientemente, do modo como agimos em vários ambientes que frequentamos, seja com nossos chefes, clientes, filhos, amigos, esposa e familiares. E muitas vezes precisamos engolir o famoso "sapo" para que a situação não fique complicada.

Grosseiramente falando, estamos usando nossa inteligência emocional para equilibrar esses momentos. O fato é que, muitas vezes, o mundo parece conspirar para que esse equilíbrio saia do controle. Observem quando tudo parece perdido: ficamos cada vez mais "enterrados" naqueles problemas e não encontramos a solução. E quando isso acontece nossa capacidade de abstrair diminui e outra expressão famosa "pense fora da caixa" não acontece. Daí o "bicho pega". Portanto, pessoal, nesta hora, precisamos concentrar e, nos poucos segundos que temos para tomar alguma decisão, não nos deixarmos envolver pelas emoções, mas sim, tentarmos encontrar a razão e o foco no objetivo.

Outro fator importante são as pessoas. Cada um tem a sua forma e até mesmo momentos de como reagir a determinadas situações. Precisamos ter cuidado ao falar com as pessoas e entender todo o contexto, uma vez que, quem ouve não pode confundir uma conversa séria e às vezes "dura" com um problema pessoal ou de retaliação. As conversas difíceis vão acontecer, e precisamos estar preparados para ouvir e, principalmente, entender o que está acontecendo. Porém, o mais importante é progredir para que nas próximas situações semelhantes o problema não volte a acontecer. Por outro lado, quem escuta e tem a oportunidade de falar precisa ter cuidado com o que vai dizer nestes "momentos complicados". Muitas vezes, não são os melhores momentos para reagir. Evite o famoso "chutar o balde".

Existem bons livros sobre esse tema, vale a pena lê-los. Praticar a inteligência emocional, além de um exercício, é um desafio e por mais "chato" que seja, convivemos com isso todos os dias, incluindo em nossa vida pessoal.

14 - UMA SAÍDA DE MESTRE

Todo mundo sabe que um planejamento bem feito é essencial para atingir os objetivos e as metas desejadas. Para tanto, não podemos deixar de pensar que, como em uma partida de futebol, o adversário, do outro lado, também procura realizar seu planejamento e em alguns casos vence a batalha.

Quando isso acontecer, não se deixe abalar. Levante a cabeça e bola para frente. Parece óbvio, não é? Mas, acreditem! Muita gente não pensa assim, ou pior, pensa e não executa. A vida é bem simples, nós é que insistimos em complicá-la.

Sempre que possível, gosto de pedir emprestadas as produções hollywoodianas e associá-las com o cotidiano. Outro dia assisti ao filme "Uma saída de mestre", uma história de ladrões roubando ladrões. Claro que a motivação não é incentivar roubos e, sim, perceber que mesmo sendo um roteiro escrito para o sucesso de uns e o insucesso de outros, é muito interessante como podemos encontrar saídas para situações complicadas e quase "impossíveis" por meio de um planejamento bem elaborado.

No dia a dia, profissional ou particular, acontece muito como nos filmes, e precisamos estar preparados, observar todo cenário em que vivemos e enxergar por meio dos sinais quais caminhos podemos seguir, correndo o menor risco.

Prezados, para uma saída de mestre, basta apenas duas coisas simples: acabar com a preguiça e colocar o planejamento em prática.

15 - COMO TRATAR OS PROBLEMAS?

Todos os dias enfrentamos diversos problemas, seja no trabalho ou até mesmo em nossa vida pessoal. Eles são uma constante no dia a dia, isso é fato. Não importa o tamanho da sua empresa ou o setor onde você trabalha, os famosos percalços vão acontecer, deixando chefes, clientes ou outros setores insatisfeitos. Não existem mágicas para resolução dos problemas, o máximo que pode ser feito é um trabalho preventivo no intuito de diminuir as dificuldades semanais.

O importante não são os problemas em si, pois eles sempre irão aparecer, mas sim a capacidade de solucioná-los com rapidez.

Um ponto que considero fundamental para a resolução dos problemas é a capacidade de interação com todas as áreas da empresa, por isso, aqui vão algumas perguntas:

Você conhece todos os procedimentos para resolver um determinado tipo de problema quando ele ocorre? Você tem em mãos uma lista de "scalatiom" para ligar diretamente para as pessoas que podem ajudar na solução do problema? O seu relacionamento com o cliente é transparente ao ponto de pedir ajuda a ele? (Acreditem, muitos problemas podem ser resolvidos junto com os clientes.) E por último, mas não menos importante, você já solicitou ajuda do seu chefe? Há certos momentos que não podemos agir como heróis. Pensem nisso!

Essas são algumas questões que podem ser transformadas em ações. Mas, como sempre digo, são apenas alguns pontos que devem ser expandidos dentro da realidade de cada um. Acredito que quatro perguntinhas podem ajudar bastante na definição e solução de problemas:

1- Qual é o real problema?
2- Qual é a causa raiz?
3- Qual a solução do problema?
4- Quando necessário, reúna o máximo de informações para ajudar na solução do problema ou convide outra pessoa para ajudar na explicação.

Portanto, pessoal, vamos ser assertivos e velozes com os problemas, ganhando tempo para fecharmos mais negócios.

16 - DETALHES

Muitos dizem que o diferencial está nos detalhes, e eu concordo. Precisamos começar a trabalhar o básico de forma perfeita, dedicando-nos aos mínimos detalhes desde o início, pois quem acredita que apenas a "apresentação final" é importante, corre um sério risco de cometer um erro fatal: que tudo saia errado. Sem a intenção de confundir, lembrem-se bem do ditado: "o ótimo é inimigo do bom". Por causa dessa pequena frase precisamos ficar alertas, procurar a perfeição, mas com cautela.

Existe um ditado popular que ilustra bem a importância de prestarmos atenção aos detalhes e corrigir possíveis problemas no início dos trabalhos, de forma que facilitará no futuro. O engraçado é que tudo isso é óbvio, mas aqui cabe a pergunta de um milhão de dólares: Por que não fazemos?

Percebam os diversos problemas que acontecem com os carros: de tempos em tempos as montadoras estão nos chamando para os famosos recalls; observem como existem problemas nas transmissões de TV a cabo; problemas nas entregas de produtos e serviços, atrasos em instalações e por aí vai. A maioria dos problemas começa pequeno. Como estamos acostumados a resolver os grandes, não nos preocupamos com os menores e, depois de um tempo, eles se transformam em um *big* problema.

O pior de tudo é que várias pessoas e empresas insistem em resolver problemas, quando o importante é resolver as causas dos problemas, para que eles possam ser evitados. Mais uma vez parece óbvio e, outra vez, a pergunta de um milhão de dólares: Por que não fazemos?

Vamos encarar os fatos, sabemos que não é fácil identificar, agir e sanar quaisquer tipos de problemas. E antecipá-los então? É mais complexo ainda. Por isso, o importante é começar da melhor maneira possível. Vale a pena "perder" tempo com um bom planejamento.

Para alcançar os objetivos muitos caminhos devem ser percorridos, mas somente com atenção, conhecimento, trabalho em equipe e determinação podemos atingir os melhores resultados, tornando-nos os melhores do mundo.

Quanto ao ditado citado anteriormente é o seguinte: *"Por causa de um parafuso o cavalo perdeu a ferradura, por causa da ferradura perdeu-se o cavalo, por causa do cavalo a mensagem não foi entregue. E por causa da mensagem, perdeu-se a guerra".*

Atenção aos detalhes...

17 - Keep Walking

O que a palavra oportunidade representa pra você? Já parou para pensar nisso? Caso a resposta seja não, você já está perdendo tempo.

Conhecemos velhos ditados que hoje sabemos que podem ser criticados de forma mais abrangente e inteligente como, por exemplo: "Cavalo dado não se olha os dentes". Será? E se o tal "cavalo" der mais prejuízo que lucro? Ou outro ditado que diz mais ou menos assim: "Se um 'cavalo' arreado passar por você, não perca a oportunidade de montar sobre ele". E se neste caso você não souber montar no cavalo ou seu negócio não tem nada a ver com o cavalo?

O que quero dizer é que as oportunidades não aparecem como um passe de mágica, muito menos aquela palavrinha que chamamos de sorte. Pois, para ganhar na loteria precisamos dar o primeiro passo, ou seja, ir até a lotérica e jogar.

As oportunidades estão ao nosso redor todos os dias, precisamos estar preparados para aproveitá-las quando passarem. Pensem comigo! Vocês acreditam que um craque de futebol apenas nasce com talento e, pronto, já pode ir para a seleção nacional ou ser contratado com salários milionários? Claro que não, até os craques precisam de treinamento, dedicação, trabalho em equipe e saber aproveitar as oportunidades.

Neste momento, os menos otimistas podem imaginar: "ora bolas, eu fui um craque na minha área, trabalhei pesado, tive dedicação exemplar, sempre busquei aperfeiçoamento e mesmo assim não cheguei a lugar nenhum na minha carreira".

Infelizmente a vida é assim! Não dá para todos serem Pelé, Michael Jordan ou Steve Jobs. Pessoal, não se iluda que trabalho árduo é garantia de sucesso, mas, sem ele, podem esquecer, não dá para chegar a lugar algum. Essa é uma premissa básica. Sabem de uma coisa? Corremos atrás das oportunidades todos os dias, mas muitas vezes criamos oportunidades ruins. É isso mesmo! Criamos oportunidades ruins, precisamos ficar atentos. Então, o que fazer?

Essa é uma pergunta fácil de ser respondida: – simplesmente *keep walking*, siga em frente, vá à luta, não desanime nunca. Afinal, sempre existem muitas possibilidades e infinitas oportunidades, por isso mesmo, "continue andando" e se torne o melhor do mundo.

Mesmo que pareça piegas, acredite: apenas com muita dedicação, aperfeiçoamento constante, coragem, muito trabalho, determinação, muito conhecimento e um excelente networking será possível alcançar os objetivos profissionais e pessoais.

Tenha em mente, a vida é dura e não é fácil, mas lembre-se: keep walking, mesmo aqueles que já chegaram onde queriam, pois "manter-se" também exige disciplina e dedicação.

18- Criatividade: por que ela não vem?

Muito se comenta e sempre é pedida aos funcionários, para serem criativos. Essa criatividade que hora é tratada como diferencial e que particularmente atribuo a uma característica essencial para a sobrevivência, há muito tem sido discutida e vem se buscado fórmulas para sua inserção na cultura de grandes organizações. Há um tempo vi uma campanha do ramo industrial onde a empresa apresentava aos colaboradores simples descobertas que tiveram grandes reflexos na humanidade, entre elas estavam o velcro, o *post-it* e o clipe de papel. Ao ver esse esforço empresarial em convidar as pessoas a serem criativas, me pego pensando: "será que essas descobertas foram sorte, acaso ou porque na época não existiam muitas coisas descobertas? Será que é mais difícil ser inovador hoje do que no passado? Será que a sorte dos inventores do passado é menor do que hoje? Quanto se tem que investir para inserir uma cultura inovadora em uma empresa, quais as melhores técnicas para isso?"

Ao filosofar sobre essas questões chego a uma convicção: a única coisa maior hoje e que nos limita é o medo da frustração. Muitas vezes nos omitimos em uma boa ideia simplesmente por supormos que tudo já existe e está ao alcance do Google ou por medo de termos nossas ideias ridicularizadas no contexto que são apresentadas, seja na empresa, família, amigos ou em qualquer outro. Acho que nos faltam mais atitudes "inconsequentes" que tínhamos quando criança e que nos permitia questionar e experimentar.

Para as empresas que gastam milhares em cifras para se tornarem mais competitivas, algumas breves sugestões:

• Incentivem as pessoas a errarem por tentar.
• Resgatem dela o ímpeto da criança onde descobrir o novo é descobrir suas próprias potencialidades.
• Valorizem as tentativas e não só os resultados.

Escrito por:
Anderson Magalhães Almeida Santos - (Gerente de Projetos na Bombardier Aerospace – Quebec, Canadá.

19- Vendendo experiência

Observando um dos lugares que considero um case de sucesso na venda de experiências para todo Brasil. Na livraria Saraiva, após ler as capas das revistas de esportes de aventura - assunto pelo qual sou apaixonado -, sentei em um café na parte interna da loja e acabei por consumir R$10,00 em um milkshake de café, apesar de não gostar de café. Porém, o milkshake + a revista + ar condicionado e uma atmosfera de conhecimento somam uma experiência que sempre estou disposto a consumir quando venho ao shopping. Mas o que é que move esse tipo de atitude?

Nós, consumidores, independentemente do que compramos, sempre somos levados pela experiência potencial que o bem ou o serviço pode nos gerar ao utilizarmos. A experiência, apesar de intangível, é materializada nas sensações de prazer que nossos hormônios nos propiciam no simples fato de nos enxergarmos na situação de consumo desse bem. Isso é a grande força do fornecedor e a grande fraqueza do consumidor. Força e fraqueza, mas por que isso?

Força do fornecedor, pois quando o mesmo consegue fornecer uma experiência positiva ao cliente no uso de seus produtos/serviços, ele estará desenvolvendo um forte aliado: a mente do cliente, mais precisamente, o seu subconsciente. Mesmo que uma nova oportunidade de consumo não volte a acontecer, o consumidor recordará as sensações de prazer no momento que essas forem tocadas por qualquer sinal que lembre aquela marca ou situação. Esses sinais podem ser cheiros, músicas, a tipologia usada na marca em questão, uma combinação de cores, aromas, entre outras.

A experiência se torna a fraqueza do consumidor já que, em muitas situações, principalmente no mercado de varejo, a decisão de compra se dá em um curto espaço onde as decisões, baseadas nas sensações de bem-estar, são disparadas quando o consumidor se vê na situação de consumo daquele bem, ou seja, o registro que temos no nosso cérebro.

Status de aventureiro!

Para exemplificar essas questões, gostaria de falar um pouco sobre o caso da minha empresa. Como falei no início, sou apaixonado por esportes de aventura e essa paixão me levou a criar junto com outros sócios uma empresa especializada no ramo.

Nosso principal produto é vender momentos memoráveis e nós fazemos isso utilizando o esporte como plataforma de trabalho. Pode parecer estranho, mas, mensalmente, mais de uma centena de pessoas compra conosco serviços para ficarem exaustos, sujos, com privação de sono, fome, sede, levando seu corpo ao extremo. Parece divertido? Você quer ser nosso cliente?

À primeira vista parece ser uma casa do terror, mas ao superarem todas essas situações, nossos clientes se diferenciam da maioria da população, mesmo que em alguns casos sejam tachados de loucos, em outros ganham notoriedade e são tidos como corajosos. Aí fica a pergunta: o que realmente é o nosso produto final? O status de aventureiro?! Apresentei esse case a uma turma de pós-graduação em gerenciamento de projeto e alguns me chamaram de maluco enquanto tentavam separar o produto da experiência.

Outro ponto que considero importante: devemos ter cuidado para não "tatuar" no inconsciente de nossos clientes uma experiência negativa relacionada à nossa marca. Essa situação pode ser originada por falhas operacionais do fornecedor e, no pior dos casos, quando o produto requer um nível de especialização muito alto para ser consumido e o consumidor experimenta um sentimento de frustração ao utilizá-lo, gerando uma sensação de incapacidade, que fica registrada a esse momento.

Situações parecidas a essa podem ser encontradas analisando vários segmentos industriais e de serviços. O fato é que, se você quer atingir seu cliente, venda para ele a experiência que ele busca e não o seu produto ou serviço, pois esses são apenas uma plataforma para que o cliente encontre a sua satisfação.

Escrito por:

Anderson Magalhães Almeida Santos - (Gerente de Projetos na Bombardier Aerospace – Quebec, Canadá.

20- O SEGREDO DO SUCESSO É...

Resposta correta: saber como gerenciar as expectativas. Mas, para que você entenda melhor, primeiro, vamos conceituar a palavra sucesso: nível de status social, realização de uma meta ou objetivo, resultado próspero ou favorável de tentativas ou esforços, honras etc.

São muitas as definições para o termo, porém, todas têm algo em comum. O sucesso está sempre ligado a uma expectativa, que por sua vez está associada a alguém. O que é sucesso para você pode não ser para sua família ou o líder do seu projeto. Então, podemos dizer que o verdadeiro "segredo do sucesso" está em entender as diferentes expectativas dos distintos *stakeholders*, incluindo você! Mas, será que é possível agradar a todos?

Identificar os diversos interesses dos distintos steakholders é um esforço necessário para a garantia da qualidade do produto desenvolvido ou do serviço prestado, o que muitas vezes é desprezado pelos gestores de negócios. Para detectar esses pontos, você pode começar respondendo a questões simples, tais como: "O que motivou a geração da iniciativa?", "Como cada steakholder é impactado positivamente e/ou negativamente com o resultado da iniciativa?", "Qual o grau de claridade que cada stakeholder possui em relação ao objetivo da iniciativa?", "Qual tipo de comunicação apropriada para cada stakeholder?", "Qual o grau de prioridade com que cada stakeholder trata a iniciativa?".

Com esse cenário montado, o esforço agora se concentra em sintonizar todos os interessados, envolvendo-os adequadamente. O passo seguinte é utilizar os canais de comunicação na frequência correta e com o conteúdo de informação alinhado às expectativas identificadas. Isso não significa dizer o que o cliente quer ouvir, mas sim comunicar o que é necessário da forma adequada.

Outra estratégia importante para alcançar o sucesso é confirmar os avanços frequentes com as partes interessadas. Isso favorece para que os impactos positivos ou negativos sejam absorvidos gradualmente, diminuindo as dissonâncias cognitivas que possam ocorrer. Outro efeito positivo é o sentimento de propriedade que se desenvolve nos stakeholders enquanto o trabalho evolui e os mesmos têm a oportunidade de contribuir com a iniciativa.

Por fim, talvez não seja possível agradar plenamente a todos, mas se houver o conhecimento amplo do cenário e a correta utilização das estratégias de comunicação, a iniciativa pode receber o título de "sucesso" atrelada a um número maior de envolvidos.

Escrito por:
Anderson Magalhães Almeida Santos - (Gerente de Projetos na Bombardier Aerospace – Quebec, Canadá.

21 - Michelangelo no século 21

Em uma das semanas santas que passei em minha cidade, terminei em uma exposição de Michelangelo. Nada mais oportuno e reflexivo para fechar o feriado religioso. Enquanto apreciava as reproduções do artista e lia suas descrições, me vinha um pensamento que vai ao encontro da nossa realidade. Michelangelo nasceu quando o Brasil ainda nem tinha sido descoberto (1475) e foi reconhecido como gênio ainda em vida. Suas obras eram encomendadas pelos mais poderosos e ricos da época, pois queriam e podiam ter o que havia de mais belo e perfeito (o que de fato era!). A riqueza de detalhes das obras desse ícone das artes chega à perfeição e é de impressionar. Olhando o que fez o artista é fácil perceber que ele queria o perfeito ou chegar o mais próximo possível do real trabalhando com um material bruto. E ele conseguiu fazer isso de uma maneira que parece fácil, por isso, reconhecemos a sua genialidade.

Hoje em dia, queremos imitar o artista, pois buscamos que todas as nossas atividades sejam perfeitas, as melhores das melhores, sem um defeito sequer, e mesmo que surjam pequenas imperfeições, elas não podem interferir no resultado, devem apenas ajudar no aprendizado contínuo.

Atualmente, o caminho é o mesmo da época do renascimento. Os mais ricos e poderosos (multinacionais, grandes empresas ou grupos, grandes projetos, metas inatingíveis etc.) querem o melhor resultado contratando seus "artistas" para tal.

Porém, esses "artistas" somos nós!!! A partir daí começa uma corrida alucinante da qual não conseguimos mais sair para que a "obra" seja finalizada de maneira perfeita. Para atingir as metas propostas, vamos fazendo esforços cada vez maiores, concessões cada vez mais absurdas e tarefas cada vez mais desgastantes. Tudo isso sem perceber que, muitas vezes, estamos indo muito além do aceitável. Quando percebemos, nos confortamos com o discurso de que isso é superação, crescimento profissional, desafios... assim por diante!

Não vemos que, salvo um ou outro, a maioria de nós não é Michelangelo, não somos gênios. E isso muitas vezes pode trazer certa frustração, pois sempre queremos fazer o perfeito a todo tempo e raras vezes isso acontece. Não podemos deixar de dizer que, embora não sejam considerados gênios, os profissionais que assumem cargos de direção e comando em empresas ou projetos são responsáveis diariamente por tomadas de decisões estratégicas, colocando suas habilidades, competências e talentos em prol dos altos rendimentos das organizações, ou que se tornou um desejo de todos. E, com isso, tornamo-nos bons gestores.

Vivemos um momento certo de crescimento econômico e de inúmeras boas oportunidades que estamos capacitados a aproveitar, já que aos poucos vamos aprendendo a racionalizar o tempo, alinhar ações cotidianas à visão e às estratégias corporativas, utilizar recursos tecnológicos modernos, buscar informações e, acima de tudo, identificar as competências interpessoais.

Não quero ser entendido (e me incluo o tempo todo aqui) como se estivesse nos nivelando por baixo quando falo de não sermos gênios, nem que devemos ser sempre geniais como um dos maiores artistas de todos os tempos. Só quero chamar a atenção para a visão do perfeito sempre, de querer a genialidade em tudo que fazemos, já que essa busca frenética pode não nos deixar perceber o quanto somos muito bons. Com isso, estamos perdendo de vista um fator importantíssimo no ato de gerenciar. Como disse Nietzsche: "Não existem fatos! O que existe é interpretação".

Escrito por:

Leonardo Reis - (Engenheiro de Minas)

Votorantin

22- É preciso relaxar

Em vários momentos da vida precisamos relaxar. Isso mesmo! Relaxar para tomar fôlego para uma reunião importante, relaxar para aumentar o nível de concentração no trabalho, relaxar para curtir melhor os momentos com a família, com os amigos, enfim, relaxar! Com o corre-corre do dia a dia, nos esquecemos deste pequeno detalhe que faz muita diferença em nossas atitudes. E não damos conta do quão precioso é ter alguns segundos de relaxamento. Mas como fazer isso? Cada pessoa consegue relaxar de uma maneira diferente. Então, escolha a sua! Aqui vão algumas dicas:

• Faça reflexões: feche os olhos, pense em uma paisagem bem bonita e visualize-a mentalmente. Faça isso por alguns segundos ou minutos e respire fundo algumas vezes, procurando relaxar.
• Outra forma é fazer alongamento com o seu corpo juntamente com exercícios respiratórios.
• Há pessoas que relaxam nos momentos de oração e outras ouvindo uma música, lendo um livro, indo ao cinema.
• Viajar! Muitas vezes uma pausa nas atividades rotineiras, "sair fora" do cotidiano também contribui para um bom relaxamento.

Enfim, são muitas maneiras que você pode encontrar para relaxar, seja no seu trabalho ou na sua casa. Mas não deixe de relaxar! Isso trará mais serenidade para a sua vida e poderá contribuir significativamente para que você possa tomar atitudes mais assertivas! Bom relaxamento!

Escrito por:
Paula Giordani – (Gerente de Projetos Unimed-BH)

23- Projetos: Como lidar com eles?

O que é projeto e qual é o segredo para um projeto bem-sucedido? Projeto é uma palavra que está sempre na "moda". Falar de projeto é algo que você escuta diariamente no mercado e até mesmo na vida pessoal, mas muitas vezes as pessoas não percebem o verdadeiro significado dessa palavra e usam esse termo de maneira equivocada.

Segundo o *Guide PMBOK* (Guia do Conjunto de Conhecimentos em Gerenciamento de Projetos), projeto é um esforço temporário (início e final definido) empreendido para criar um produto, serviço ou resultado (entregas) exclusivo.

Tendo em vista o significado da palavra projeto, você deve observar que tudo o que fazemos de maneira contínua, seja profissional ou pessoal, não é considerado um projeto, pois, nesse caso, não há um término definido.

Um projeto não é necessariamente de curta duração. Um projeto pode durar anos. Um projeto é singular, cada um tem suas características e particularidades e tem um objetivo a ser alcançado e, quando esse objetivo for atingido, tem-se o término do projeto.

Vamos refletir:

Você vai realizar a construção de um anexo ao seu prédio para abrigar uma nova equipe de desenvolvedores que será contratada para a expansão dos negócios. Você pode considerar essa construção do anexo como um projeto?

Outro item: Existe um fluxo de processos estabelecidos em sua empresa, porém nem todos os colaboradores seguem esse fluxo. Você, de forma periódica, envia comunicados para alertar as pessoas a cumprirem as normas estabelecidas. Você pode considerar esse processo como um projeto?

Agora vamos pensar: Qual é o segredo para um projeto bem-sucedido? A resposta é simples. Comunicação eficaz. Essa é a chave para o sucesso.

É necessário, em primeiro lugar, identificar todas as partes interessadas (equipe do projeto, cliente, patrocinador etc.) e validar as necessidades e expectativas de cada stakeholder, para que seja possível atingir os objetivos traçados para o projeto e planejar a melhor forma de comunicação entre as partes interessadas.

Atento a essas dicas e ao seu knowhow, tenho certeza de que alcançará o sucesso em seus projetos. Para descontrair, veja o que não poderá acontecer em seu projeto, em hipótese nenhuma!!!

Sucesso e boa sorte em seus projetos!

Escrito por:

Paula Giordani – (Gerente de Projetos Unimed-BH)

CONSIDERAÇÕES FINAIS

E O QUE FAÇO AGORA?

Espero que você tenha gostado deste livro, porém, mais importante do que isso, é fundamental que use as informações aqui apresentadas. Apenas ler não fará nenhuma diferença, ler é importante, você já deu o primeiro passo, mas, se você quer vencer no mundo real das vendas, são as suas ações que contam.

Sucesso é algo que se aprende. Podemos aprender vender qualquer coisa. Se você quer ser um grande jogador de tênis, será capaz de aprender a fazer isso. Se prefere aprender a tocar violão, conseguirá se tornar um músico. Se deseja ser verdadeiramente feliz, terá condições de aprender a ser assim. Se quer se tornar um mestre em vendas, também pode aprender como fazer isso, não importa onde você está agora, o essencial é que esteja disposto a aprender, afinal, todo mestre já foi um aprendiz.

Ninguém nasce um gênio em vendas, todo mestre em vendas aprendeu a vencer no jogo das vendas. Você precisa acreditar que pode conquistar o título de mestre em vendas, somente assim conseguirá ter o poder absoluto e ser bem-sucedido em qualquer negócio que escolher, sendo o seu próprio negócio ou em uma empresa.

Precisamos aprender todos os dias e gostar do que fazemos, isso é o maior clichê de todos os tempos, mas é a pura verdade. No nosso universo das vendas precisamos entender alguns pontos que nos ajudarão a trilhar o caminho do sucesso, além de tudo que aprendemos durante a leitura deste livro, quero concluir com os seguintes pontos:

As metas são coletivas, pois o desafio é para toda equipe, não adianta apenas um ou dois conseguirem o resultado para todo o time, uma equipe vencedora tem a maioria dos seus jogadores atingindo o resultado, desta forma, a equipe permanecerá forte e motivada.

Uso da tecnologia é obrigatório. No mundo moderno não há espaço para utilização de ferramentas obsoletas. Os vendedores precisam navegar com maestria nas redes sócias, sites de busca e dominar o smartphone ou tablet.

Treinar e planejar não podem ser de vez em quando, tem que ser constantes, e neste quesito não é apenas treinar os produtos ou serviços que os vendedores vendem, é necessário realizar treinamento de vendas. Muitas equipes de vendas se esquecem de realizar treinamento em vendas, às vezes por se sentirem autossuficientes, deixando de lado premissas básicas, tornando-se equipes obsoletas.

Atenção em todo processo de vendas. Uma venda pode ser concretizada ou não concretizada. Você saberia dizer o motivo pelo qual isto ocorre? Seu time analisa quando a venda é bem-sucedida para aprender as melhores práticas? Ou analisam quando a venda é perdida? Vendas é muito mais que uma assinatura de contrato, e os mestres em vendas sabem disso e fazem a diferença.

E, para finalizar, não se esqueçam de um dos pontos fundamentais para um mestre em vendas, um ponto que já discutimos bastante e que engloba boa parte do que aprendemos: **funil de vendas**. Torne-se especialista neste assunto e será um mestre em vendas.

Obrigado por dedicar seu precioso tempo à leitura deste livro. Desejo a você um tremendo sucesso e que se torne um mestre em vendas.

Ledi Moreira